HEYNE
BÜCHER

W0059057

ESOTERISCHES
WISSEN

Herausgeber dieser Reihe Michael Görden

ERICH BAUER
PSYCHO-TAROT

Das Erlebnis-Programm zur Arbeit mit den psychologischen Bedeutungen der Tarotkarten

Originalausgabe

WILHELM HEYNE VERLAG
MÜNCHEN

HEYNE ESOTERISCHES WISSEN
08/9602

Printed in Germany 1992
Umschlaggestaltung: Atelier Adolf Bachmann, Reischach
Umschlagillustration: Elmar Kohn, Landshut
Layout/Herstellung: Helmut Burgstaller, München
Satz: Kort Satz GmbH, München
Druck und Bindung: RMO, München

ISBN 3-453-05249-8

Inhalt

Einleitung

Niemand weiß genau, woher die Tarotkarten eigentlich kommen. Das älteste erhaltene Tarotspiel stammt aus dem 16. Jahrhundert. Über die Zeit davor kann man nur spekulieren. Manchen Schriften zufolge waren es die Ägypter, die das Tarot erschufen. In den Priesterschulen soll das Tarot ein wichtiger Bestandteil der Ausbildung und Einweihung gewesen sein.

Andere glauben, das Ursprungsland des Tarot sei Indien gewesen und daß die ersten Karten Abbildungen des Gottes Vishnu waren. Darüber, wer die Karten nach Europa gebracht hat, gibt es ebenfalls verschiedene Meinungen. Viele sagen, es waren die Zigeuner, die auf ihrer großen Reise von Asien nach Europa die Karten verbreitet hätten. Andere behaupten, die Kreuzritter hätten von ihrer langen Suche nach dem Heiligen Gral das Tarot mit nach Mitteleuropa zurückgebracht.

Ein neues Interesse an den Tarotkarten entstand in den siebziger Jahren unseres Jahrhunderts. In den Schaufenstern der damals noch seltenen esoterischen Buchläden tauchten plötzlich gleich mehrere Reproduktionen alter Tarotkarten und auch völlig neu gestaltete Sets auf. Auch die Art und Weise, wie man mit diesen magischen Karten umging, war neu:

Zuvor gab es zwei Arten von Tarot. Die eine entstammt der Tradition der Zigeuner. In ihrem Glauben ist alles miteinander verbunden, auch die Gegenwart mit der Zukunft und der Vergangenheit. Der Zigeuner steht in gleicher Weise mit seinen verstorbenen Ahnen in einem seelischen Austausch, wie mit jedem lebenden Mitglied seiner Sippe, auch wenn die einzelnen Angehörigen über die ganze Welt verstreut sind. Zu dieser Allverbundenheit gehört auch das Tarot. Durch die Karten spricht das magische Wissen der Ahnen zu den Lebenden, und jede Karte hat einen Bezug zu dem Menschen, der sie gerade aufdeckt und betrachtet.

Es gibt aber auch eine ganz andere Art, mit den Tarotkarten umzugehen. Diese wurde von Esoterikern, Priestern, Mystikern und Philosophen bis in unsere Zeit gepflegt. Das Tarot war dabei eine Art Bibel oder eine Einweihung in höheres Wissen. Waite und Crowley beispielsweise, zwei bekannte Lehrer des Tarot, die beide in diesem Buch noch ausführlicher zur Sprache kommen, waren Mitglieder esoterischer Orden oder gründeten eigene Zirkel, um auserwählte Menschen in ihr Wissen einzuweihen. Das Tarot mußte dabei nach strengen Regeln erlernt und durch Meditationen oder rituelle Übungen vertieft werden. Die esoterisch Eingeweihten suchten mit Hilfe des Tarot eine Lösung auf tiefe und existentielle Seinsfragen. Für sie verbarg sich in den Karten eine Weisheit, die von Wissenden an ihre Schüler weitergegeben wurde. Letztlich sprach durch das Tarot eine höherstehende, vielleicht sogar göttliche Kraft.

Den Zigeunern hingegen ging es um praktische Lebensbewältigung. Eine besondere Einweihung war überflüssig, weil ja der Geist der Ahnen in den Karten lebte. Voraussetzung war eine gewisse Offenheit oder Intuition, um die richtigen Visionen zu empfangen.

Der neue Zugang zum Tarot ist weder rein esoterisch, noch betont er ausschließlich den Wahrsagegehalt der Karten. Er hat von beiden Richtungen etwas, aber er ist in erster Linie psychologisch orientiert.

Verschiedene Vertreter der Tiefenpsychologie glauben, daß in den menschlichen Seelen die gleichen Bilder, Themen und Symbole existieren, wie sie auf den 78 Karten des Tarot eingefangen sind. C. G. Jung gab den tiefsten Schichten der Seele den Namen ›das Archaische Unbewußte‹. Es ist ein Reservoir, gefüllt mit Wissen aus der Vergangenheit. In der Sprache der Zigeuner könnte man sagen, es sind die Engramme unserer Ahnen.

Wer das Tarot zu lesen vermag, entdeckt tatsächlich Karten seelischer Landschaften. Und das Verblüffende ist, daß diese Karten präzise und auf dem neuesten Stand psychologischer Erkenntnisse sind. Woher hatten unsere Urahnen dieses Wissen?

Entstammen die Karten vielleicht nicht nur menschlicher Überlieferung? Verbirgt sich in ihnen doch ein ewiges oder absolutes Wissen?

Jung hat auch den Begriff der Koinzidenz geprägt. Danach stehen – genau wie im Glauben der Zigeuner – alle Teile des Makrokosmos und des Mikrokosmos untereinander in geheimnisvoller Beziehung. Wie in einer magischen Welt ist alles mit allem verbunden, so auch der Seelenzustand eines Menschen mit der Tarotkarte, die er gerade berührt und aufdeckt.

Die Karten sind ein Spiegel der menschlichen Seele und zugleich Ausdruck einer universellen Weisheit. Mit ihrer Hilfe sind tiefe Einsichten in das Leben, aber auch ganz konkrete Rückmeldungen über die eigene, seelische Befindlichkeit möglich. Kraft der Magie der Karten entdeckt sich der Tarotspieler selbst, er erhält Antworten über seine Gefühle, Gedanken, Absichten und sogar auf Fragen über Vergangenheit und Zukunft. Er wäre ein Narr, zu glauben, er könne mit Hilfe der

Karten auf magische Weise sein Leben verändern. Aber er ist weise, wenn er mit Hilfe des Tarot Licht in seine Seele bringt und seinen Lebensweg erhellt.

Es ist ein alter Wunsch der Menschheit, ihre Zukunft zu kennen, und so dem Schicksal einen Schritt voraus zu sein. Aber vor dem bequemen Glauben an eine vorhersagbare Zukunft sei gewarnt: Für einen wissenden Menschen beginnt die Zukunft immer jetzt, hier, sofort. Alles, was er für die Zukunft erfährt, hat nur im Hier und Jetzt eine Bedeutung. Die Zukunft ist immer abhängig von der Gegenwart und der Vergangenheit. Wer sich heute auf die Zukunft morgen einstellt, verändert sie hiermit – und begegnet morgen wieder einer anderen, völlig überraschenden Zukunft.

Man bezeichnet den neuen Zugang zum Tarot gerne als ›Intuitives Tarot‹. Ich möchte ihn lieber ›Psychologisches Tarot‹ nennen, da die 78 Karten das psychologische Erlebnisprogramm des Menschen in seinen verschiedensten Wesenszügen widerspiegeln. An allererster Stelle ist das Tarot ein Selbsterfahrungsmedium.

Der Umgang mit den Karten

Wer Tarot legen will und die Deutungen der einzelnen Karten bereits einigermaßen beherrscht, hat als Anfänger trotzdem große Schwierigkeiten, seine aufgedeckten Karten in Beziehung zu seiner gestellten Frage oder seiner Lebenssituation zu bringen. Insbesondere, wenn er nicht nur eine, sondern mehrere Karten aufdeckt, kann es sehr leicht sein, daß er Karten mit gegensätzlicher Bedeutung zusammenbringen muß.

Dieses Buch möchte dem Leser dabei behilflich sein, sich die Kunst des Tarot-Spielens in systematischer Weise anzueignen. Dabei ist der erste und wichtigste Schritt, zu lernen, seiner eigenen Intuition zu vertrauen.

Was ist eigentlich Intuition?

Ein Tarot-Meister unterscheidet sich von einem Anfänger nicht dadurch, daß er die Deutung der einzelnen Karten und Legetechniken beherrscht, sondern dadurch, daß er seiner Intuition zu folgen vermag.

Aber durch die Erziehung in unserer industriellen Gesellschaft wird unser erkennender Geist einseitig trainiert. Wir entwickeln die Ratio, aber nicht komplexere Fähigkeiten wie die Intuition. Diese ist nämlich nicht logisch oder analytisch, sondern assoziativ, sinnhaft und symbolisch. Kraft der Intuition kann beispielsweise das Wort ›Apfel‹ mit ›Schlange‹ verbunden werden, was für den logisch ausgerichteten Verstand ein Lapsus wäre. Aber die Intuition verbindet sinnhaft und schlägt vielleicht einen Bogen über Apfel – Eva – Paradies – Verführung bis zum Wort Schlange.

Das Wort Intuition stammt aus dem Lateinischen und bedeutet soviel wie in sich hineinspüren. Frauen beherrschen diese Methode in aller Regel besser als Männer. Dies rührt daher, daß in unserer Kultur der überwiegende Gebrauch des logischen Verstandes nicht vorrangig zum Erziehungsprogramm einer Frau gehört.

Intuition kann man lernen. Dafür muß man ein Wort oder ein Bild, z. B. eine Tarotkarte, auf sich einwirken lassen. Der logische Verstand würde gleich einem Computer das Bild ganz genau beschreiben. Durch die Intuition aber öffnet sich das Unbewußte und gibt verborgene Räume frei. Man spürt nach, beobachtet, was aus dem Unbewußten aufsteigt und läßt sich von inneren Kräften führen.

Es gibt eine wichtige Regel: Für die Intuition existiert kein Richtig oder Falsch, sondern es gibt nur eine Kette von Informationen, die auf ihre Sinnhaftigkeit hin betrachtet werden sollen. Dabei ist es auch nicht wichtig, ob man an die Tarotkarten glaubt oder nicht. Werden durch die Karten tiefere Schichten der Seele angesprochen, so erfüllen sie völlig ihren Sinn.

Jemand spielt Tarot. Es ist ein Mann, und er fragt die Karten, damit sie ihm einen Grund nennen für seine Eifersucht. Er deckt die Trumpf-karte XV auf, den Teufel. Er sieht den Dämon mit den beiden Menschen, Mann und Frau, die an ihn gekettet sind. Das Bild trifft ihn. Ohne genau zu wissen warum, spürt er eine Verwandtschaft zwischen seinem Gefühl, seinem seelischen Zustand und dem Bild: Ob er das ist, der da zusammen mit seiner Frau angekettet ist? Ist er abhängig von ihr, oder werden beide gequält von einem wilden Dämon? Wie kann er denn frei werden von den Ketten?

Der Mann erforscht die Karte und damit seine Seele. Die Symbolik der Karte lenkt sein Suchen, sein Spüren in eine ganz bestimmte Richtung. Er betrachtet sein gegenwärtiges Leben im Lichte der Karte des Teufels. Die Symbolik der Karte, die Atmosphäre und der Klang des Bildes finden in der Tiefe der Seele eine Entsprechung. Der Mensch wird sich seiner Situation bewußt.

So verstanden, ist das Spiel mit den Karten ein psychotherapeutischer Prozeß. Jede Karte hebt einen anderen gerade aktuellen Aspekt der Seele ins Bewußtsein.

Tarotkarten soll man wie unbekannte Bilder betrachten. Sogar das Wort, welches über oder unter manchen Karten steht, ist zunächst unwichtig. Dabei kann sich ein Tarotspieler beim Betrachten der Bilder an folgende Fragen halten:

»Habe ich ein angenehmes Gefühl oder spüre ich Ablehnung?«

»Erinnert mich das Bild an etwas?«

»Lenkt dieses Bild mein Denken in eine bestimmte Richtung oder zu einem bestimmten Menschen?«

»Was sagen mir die Farben, ziehen sie mich an, stoßen sie mich ab?«

Es ist nicht wichtig, einzelne Details zu interpretieren. Der Gesichtsausdruck beispielsweise ist nicht unbedingt spezifisch für die Aussage der Karten. Er spiegelt eher die Handschrift des Künstlers wider, der sie gestaltet hat. Wichtig ist der gesamte erste Eindruck und in zweiter Linie die Symbolik.

Erst wenn man sich in dieser Weise mit dem Bild beschäftigt hat, kann man sich aus diesem Buch eine Hilfe holen, um die Deutung abzurunden. Aber es ist unerläßlich, daß jeder Tarotspieler bei seiner eigenen Intuition beginnt.

Möglicherweise ist eine selbst entdeckte Aussage sogar wichtiger als eine noch so gescheite Deutung aus einem Tarotbuch.

Mit welchen Karten soll man Tarot legen?

Wer seine eigenen Tarotkarten finden möchte, benötigt Zeit. Am besten geht man in einen Buchladen und betrachtet jedes einzelne Tarotdeck. Die Entscheidung soll man nach seinem Gefühl, seiner Intuition, seiner Stimme aus dem Bauch treffen. Auch die Größe der Karten und die Rückseite ist wichtig.

Eine alte Tarotregel besagt, daß man die Karten ›legal‹ erwerben muß. Man soll sie auch zum angegebenen Preis kaufen und nicht handeln. Am schönsten ist es, man bekommt ein Spiel geschenkt, vielleicht sogar von einem Menschen, der bereits Tarot spielt. In den ersten beiden Wochen soll nur der Besitzer seine Karten berühren. Am besten, man bewahrt sie in einem Beutel oder einer geeigneten Schachtel in der Nähe seines Bettes auf.

Wer die Karten achtet, achtet damit auf seine Seele. Wer neugierig ist, wird damit auch neugierig auf eine Welt, die jetzt noch weit jenseits seines Horizonts liegt.

Die richtige Art, Fragen zu stellen

Wer Tarot spielt, hat eine Frage. So war es bereits vor Hunderten von Jahren, als man ein Orakel befragte, Vogelknochen aus einer Schale in den Sand warf oder mit Würfeln spielte. Auch wer keine explizite Frage stellt, begegnet dem Tarot dennoch mit einem Fragezeichen: Er möchte vielleicht wissen, was ihm die Zukunft bringt oder ist einfach neugierig, was ihm die Karten verraten. Auch jede Legetechnik impliziert eine Fragestellung, denn die Lage und das Bild der aufgedeckten Karten gibt eine oder mehrere Antworten.

Es gibt signifikante und unspezifische Fragen. Unspezifische Fragen beinhalten meist kein Risiko und sind weniger interessant. Dazu gehören Fragen wie:»Was bringt mir die Zukunft im allgemeinen?«»Was erwartet mich im nächsten Jahr?«»Bin ich auf dem richtigen Weg?« »Wo stehe ich in meiner spirituellen Entwicklung?« Auf solche Fragen

kann die Antwort so oder so ausfallen und beinhaltet für den Frage-
steller in aller Regel keinerlei Risiko. Signifikante Fragen sind riskant, heiß und haben zumindest innere
Konsequenzen. Solche Fragen können z. B. lauten: »Bin ich liebens-
wert?« »Habe ich Mut?« »Was sagen die Karten zu meiner Beziehung?« »Soll ich überhaupt Tarot spielen?« »Ist mein Lehrer wahrhaf-
tig?« »Wie ist meine Beziehung zu dir, meiner Partnerin oder meinem
Partner?« All diese Fragen beinhalten ein gewisses Risiko und man
braucht Mut, um sie überhaupt zu stellen. Natürlich erhöht die Prä-
senz anderer Personen die Signifikanz. Wenn eine Frau die Karten zwischen sich und ihrem Partner ausbreitet und fragt: »Ich möchte wissen,
was die Karten zu unserer Liebe sagen...«, dann beinhaltet die Antwort ganz bestimmt eine Menge Aufregung oder hat Auseinandersetzungen zur Folge.

Die Regel lautet, daß man versuchen soll, die Fragen so spezifisch
und klar wie möglich zu stellen. Es ist eine alte Tarot-Weisheit, je mehr
Mut und Risiko ich in die Fragestellung lege, um so mehr Einsicht und
Kraft kommt wieder zurück.

Tarot — allein oder mit anderen?

Die allermeisten Menschen spielen Tarot allein. Irgendwann, am Morgen oder am Abend, nach einer schwierigen Unterhaltung mit dem
Freund oder aufgrund einer deprimierten Stimmung, die man nicht zu
erklären weiß, legen sie sich die Karten. Manche Menschen gehen auch
in Tarotgruppen oder zu einem professionellen Kartenleger.

Allein mit den Karten zu spielen, ist erfüllend und anregend. Man
entwickelt mit der Zeit ein fast freundschaftliches Verhältnis, findet
Trost und Hoffnung und erhält manchmal auch eine Mahnung mit auf
seinen Weg. Das Spiel mit anderen bringt eine soziale Realität. Der
große Vorteil ist, daß man die Karten nicht nur nach subjektiven
Gesichtspunkten interpretieren kann. Es entsteht eine Art Objektivität.
Bei wirklich wichtigen Lebensfragen ist immer das Spiel mit einem
Partner oder einer Freundin oder der Gruppe vorzuziehen. Dann begegnet man nicht nur dem Geist des Tarot, sondern auch ganz realen,
anderen Menschen.

Allgemeine Vorbereitungen

Tarotlegen ist eine Art Meditation. Damit ist nicht gemeint, daß man still und abgeklärt sein muß, sondern daß man den Karten besondere Aufmerksamkeit schenkt. Als erstes braucht man den richtigen Ort für das Kartenlegen. Am schönsten ist ein Platz, an dem man auch andere geheimnisvolle Dinge aufbewahrt, z. B. ein Bild von seinem Meister oder Lehrer, eine Kristallkugel, Erinnerungen oder besondere Steine.

Die beste Zeit für das Tarot ist abends oder nachts. Man kann Kerzen oder Räucherstäbchen benutzen. Günstig ist es auch, wenn man ein Tuch unter den Karten ausbreitet.

Eine Anleitung zum Tarot

»Sitzen Sie bequem an einem ruhigen Ort. Nehmen Sie die Karten aus der Hülle oder dem Tuch und halten Sie das ganze Paket in der linken Hand und legen Sie die rechte darüber. Schließen Sie dann Ihre Augen. Entspannen Sie sich! Lassen Sie los!
Lockern Sie Ihre Muskeln, Ihre Schultern, Ihren Nacken, den Kopf, die Kieferknochen, die Hände.
Entspannen Sie sich!
Beobachten Sie Ihren Atem, wie er in Sie eindringt und Sie erfüllt, und wie er wieder ausströmt, eins wird mit dem Raum, der Sie umgibt.
Sie sind der Raum und der Raum ist in Ihnen.
Sie sind ruhig und entspannt.
Spüren Sie jetzt die Karten in Ihren Händen. Erlauben Sie sich, in die geheimnisvolle Welt des Tarot zu tauchen, gleiten Sie aus dem Alltag in eine andere Realität. In ihr ist nichts zufällig, sondern alles ist mit allem schicksalhaft verbunden.
Beginnen Sie jetzt, langsam die Karten zu mischen. Wenn möglich, lassen Sie dabei Ihre Augen geschlossen und träumen Sie weiter von Ihrer magischen Welt. Die Karten müssen nicht wie bei einem anderen Kartenspiel restlos gemischt werden. Es genügt, wenn Sie eine neue Ordnung herstellen — Ihre eigene, ganz persönliche Ordnung.
Wenn Sie glauben, daß die Karten genug gemischt sind, legen Sie den Stapel wieder vor sich hin. Öffnen Sie jetzt Ihre Augen und heben Sie mit der linken Hand die Karten ab. Sie bilden also zwei Stapel. Legen Sie jetzt die Karten in veränderter Reihenfolge wieder zusammen. Wiederholen Sie diesen Vorgang noch zweimal. Vergessen Sie dabei nicht, die Karten immer mit der linken Hand abzuheben. Damit drücken Sie symbolisch aus, daß Sie Ihrer Intuition und nicht der Logik (rechte Seite des Menschen) folgen. Das gilt in aller Regel auch für Personen, die Linkshänder sind.
Breiten Sie jetzt die Karten vor sich aus. Am schönsten ist ein offener Bogen, wie er in der Abbildung 1 und 2 dargestellt ist. Abbildung 1 ist für das Spiel allein, ohne Partner gedacht, Abbildung 2 für ein Tarot, das Sie (A) einem anderen Menschen (B) auslegen.

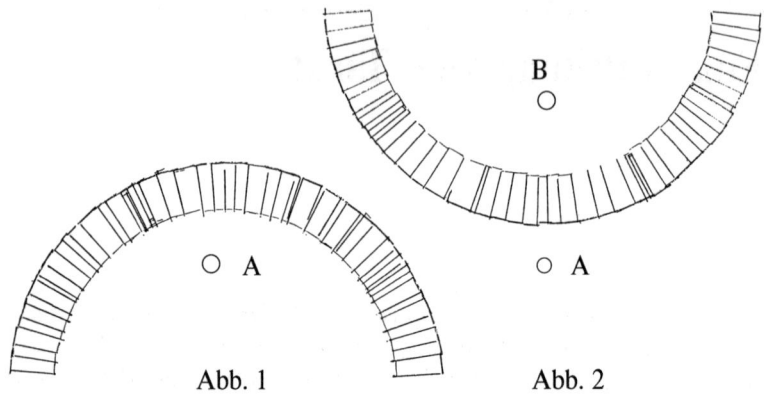

Abb. 1   Abb. 2

Entspannen Sie sich nach dem Auslegen der Karten. Werden Sie ganz ruhig, hören Sie in sich hinein, suchen Sie Ihre Mitte.

Haben Sie eine Frage, so sprechen Sie jetzt Ihre Frage laut aus. Wenn Sie mit einem Partner spielen, stellt er natürlich die Frage. Haben Sie keine spezifische Frage, dann sagen Sie einfach: »Ich möchte wissen, was das Tarot mir zu sagen hat.«

Dann beginnen Sie, Ihre linke Hand über den Halbkreis der Karten gleiten zu lassen. Wie beim Abheben wählen Sie die linke Hand, um damit Ihre Intuition in das Spiel zu bringen.

Sie können an der linken oder rechten Seite der Karten beginnen und streichen dann ganz langsam bis zum anderen Ende und kehren wieder um. In einer Partnersitzung verfährt der Fragende so mit den Karten.

Die ›richtige Karte‹ kann man nicht mit logischem Kalkül ausfindig machen. Das ist der ungeheure Sprung aus der Welt des Normalverstandes. Es ist kurios und magisch zugleich:

Sie vertrauen der Sehkraft Ihrer Hände.

Wenn Sie mit Ihren Händen in einem Abstand von ungefähr fünf Zentimetern über die Karten streichen, werden Sie ganz leichte Unterschiede empfinden. Es fühlt sich wie ein veränderlicher Druck, wechselnde Wärme oder ein unterschiedlicher Grad von Zähigkeit an. Lassen Sie sich von diesen Schwankungen führen, bis Sie eine Karte für ›richtig‹ befinden. Vielleicht spüren Sie diese feinen Veränderungen nicht gleich beim ersten Mal. Dann folgen Sie einfach Ihrer Eingebung, die Ihnen schon sagt, welche Karte Sie auswählen sollen.

Diejenige Karte, die Sie ausgewählt haben, legen Sie bitte unaufgedeckt *in den Halbkreis. Möchten Sie mehrere Karten auswählen, dann verfahren Sie damit genauso.*

Schließen Sie wieder die Augen und konzentrieren Sie sich auf die nächsten Augenblicke, in denen Sie die Karten umdrehen und Ihnen das Tarot einen Spiegel zeigt. Es sind Bilder Ihrer Seele, überreicht in Form einer Karte.«

Richtige oder verkehrte Lage

Viele Tarotmeister geben einer Karte, die verkehrt, also auf dem Kopf stehend, aufgedeckt wird, eine andere Bedeutung, als wenn sie richtig liegt. So bedeutet z. B. die Karte der Kaiserin, wenn sie richtig liegt, mütterliche Fürsorge und Schutz. Verkehrt aufgedeckt, kehrt sich ihre Bedeutung in mütterliche Tyrannei um. Diese Interpretationsweise verwirrt. Die eigentliche Kunst des Tarotlegens besteht darin, aus mehreren Karten, die gleichzeitig für eine Frage aufgedeckt werden, eine zusammenfassende Antwort zu formulieren. Dann muß sich jede Karte dem gemeinsamen Sinn unterordnen, ihre ureigene Bedeutung vielleicht sogar ändern. Jede Karte ist schillernd und vieldeutig, und es gibt so viele Deutungen, wie es Rätsel und Rätselmeister gibt. Es ist daher völlig überflüssig, zu den 78 Karten auch noch 78 Deutungen bei umgekehrter Lage zu geben.

Die Ja-Nein-Methode

Mit dieser sehr einfachen Methode kann jeder Anfänger mit Hilfe des Tarot sofort Fragen beantworten. Die Methode setzt keinerlei tieferes Wissen über die Deutungen der Karte voraus.

Man verwendet nur die 22 Karten des Großen Arkanums, mischt sie und legt sie – wie oben beschrieben – in einem Halbkreis verdeckt aus.

Dann konzentriert man sich auf die Frage. Diese muß in einer Form gestellt sein, daß sie mit ›Ja‹ oder ›Nein‹ beantwortet werden kann. Z. B.: »Stimmt mein Gefühl der Zuneigung meinem Freund gegenüber?« Oder: »Soll ich die angebotene Stelle annehmen?« Oder: »Bin ich auf dem richtigen Weg?«

Dann sucht man aus den 22 Karten durch ahnungsvolles Berühren sieben Karten aus.

Diese sieben Karten werden anschließend umgedreht und in zwei Reihen gelegt. Alle geraden Zahlen (z. B. die Hohepriesterin [Karte II], die Kaiserin [Karte IV], die Liebenden [Karte VI]… die Auferstehung [Karte XX]) kommen in die obere Reihe. Alle ungeraden Zahlen, wie

z. B. der Magier (Karte I), der Kaiser (Karte III), der Hohepriester (Karte V)... die Welt (Karte XXI) werden in die untere Reihe gelegt. Der Narr mit der Zahl Null zählt wie eine gerade Zahl. Alle Karten mit geraden Zahlen bedeuten ›Nein‹, alle Karten mit ungeraden Zahlen bedeuten ›Ja‹. Jetzt muß man nur noch die Zahl der ›Ja-Karten‹ und der ›Nein-Karten‹ vergleichen und erhält eine Antwort auf die Frage. Natürlich ist es noch wichtig, wie stark die Antwort ausfällt. Theoretisch kann sie vier zu drei, fünf zu zwei, sechs zu eins oder sieben zu null sein. Für geübte Tarotspieler beginnt dann ein interessantes Erklärungsspiel. Betrachtet man nämlich nicht nur die Anzahl der Ja- und Neinkarten, sondern auch ihren Aussagegehalt, so erhält man Gründe und Erklärungen für das ›Ja‹ und das ›Nein‹.

Die Tageskarte

Auf eine schöne Art und Weise kann man mit den Karten vertrauter werden, wenn man morgens, gleich nach dem Aufwachen, eine Karte für den ganzen Tag aufdeckt. Man verwendet dabei nur das Große Arkanum. Die aufgedeckte Karte soll eine Art Leitmotiv sein, und die Ereignisse des Tages werden im Lichte dieser Karte betrachtet. Man entdeckt, wie der Geist des Tarot den Tag mitbestimmt: man zieht den Turm der Zerstörung (Karte XVI) und erfährt, wie der Tag auf seltsame Weise mißlingt, man deckt die Sonne (Karte IXX) auf, und der Tag wird heiter und gelassen.

Eine Legemethode mit einer Karte

Mit dieser Methode kann man auf eine Frage, eine bestimmte Lebenssituation oder ein Problem eine Antwort erhalten. Jeder Anfänger kann sofort mit dieser Methode beginnen, und mit Hilfe der Deutungen in diesem Buch und seiner eigenen Intuition Antworten auf seine Fragen erhalten.

Man mischt die Karten, hebt dreimal ab und breitet die Karten in einem offenen Halbkreis aus. Während man die Frage klar ausspricht, versucht man durch ahnungsvolles Berühren aus den verdeckt liegenden Karten eine auszuwählen.

Dann dreht man diese Karte um und versucht, aus dem Bild eine Antwort auf die Frage abzuleiten. Dabei soll man die Karte wie einen magischen Spiegel betrachten, in dem man sich selbst erkennt oder sich in einem neuen Lichte sieht. Versteht man die gespiegelte Antwort nicht gleich, dann muß man wie bei einem Rätsel vorgehen, in sich hineinspüren, laut denken oder warten, bis die Intuition einen weiteren Hinweis gibt.

Weitere Legemethoden mit ausführlichen Beispielen sind in der zweiten Hälfte des Buches zu finden.

Beschreibung und Deutung der 78 Karten

Auf den folgenden Seiten werden die 78 Karten des Tarot beschrieben. Neben der Bedeutung, der Aussage und der Bezeichnung in anderen Sprachen, findet der Leser auch eine Einstimmung auf jede einzelne Karte. Bei den Karten des Großen Arkanums befindet sich auch ein ›Mantra‹; es ist ein Satz, der durch wiederholtes, inneres Nachsprechen ein Schlüssel in den Raum der Karte sein kann.

Ebenfalls nur beim Großen Arkanum werden jeweils zwei Karten zu Polaritäten zusammengefaßt. Diese Sichtweise leitet sich aus dem Aufbau der 22 Trümpfe ab und erleichtert das Verständnis der einzelnen Karten.

Die Abbildungen stammen aus drei verschiedenen Tarotspielen. Die ersten sind von Linde Famira. Es ist ein Tarot zum Ausmalen und wird im hinteren Teil des Buches noch ausführlicher beschrieben. Die beiden anderen entstammen dem Tarot-Deck von Aleister Crowley und dem von Arthur Waite. Der Leser hat also erstmalig ein Tarotbuch in der Hand, das mehrere verschiedene Karten erklärt und deutet.

Das Große Arkanum

Das Große Arkanum oder die Trumpfkarten sind die 22 wichtigsten Karten im Tarot. Viele Tarotmeister beziehen sich nur auf sie und beschreiben gar nicht die 56 anderen Karten des Spiels.

Manche Karten haben einen religiösen Inhalt, wie die Hohepriesterin und der Hohepriester. Andere haben einen Bezug zur Welt der Magie, wie der Teufel und der Magier. Es gibt Karten, die sich auf den mittelalterlichen Hof beziehen, wie der Siegeswagen, die Kaiserin und der Kaiser, und es gibt solche, die einfach Stationen des Lebens widerspiegeln, wie die Liebenden, der Tod und die Zerstörung. Vier Karten haben einen deutlichen Bezug zur Astrologie: die Sterne, der Mond, die Sonne und die Welt. Manche Karten symbolisieren Stufen menschlicher Verwirklichung, wie der Narr und der Eremit. Es gibt Bilder, die auf den ersten Blick seltsam und rätselhaft wirken, wie die Gestalt, die mit dem Kopf nach unten hängt oder der Wagenlenker mit den beiden Sphinxen. Manche Karten lösen Angst aus, wie der Teufel oder der Tod, und bei anderen freut sich das Herz, wie beim Bild der Liebenden oder der Karte der Sonne.

Am ehesten kann man sich die Trumpfkarten wie umfassende Zustände der Seele vorstellen. Sie sind in gewisser Weise den anderen Karten übergeordnet. Bei der Deutung und Interpretation läßt man den Karten des Großen Arkanums stets mehr Aufmerksamkeit zukommen, als denjenigen des Kleinen.

I Der Magier

Der Magier

Karte I

Einstimmung

Ich bin der Meister meines eigenen Lebens! Ich bin mir dessen nicht immer bewußt und nehme an, daß andere Menschen oder eine höhere Macht über mein Leben bestimmen wie die Winde der vier Himmelsrichtungen über ein Blatt am Baum. Aber in Wirklichkeit zerrt der Sturm am Baum *und* der Baum ruft den Wind.

Wenn ich erkenne, daß *alles* ein eigenes Zentrum hat, werde ich wissend und mächtig. Dann betrachte ich die Wirklichkeit als das Echo meiner eigenen Absichten; und mein äußerer Reichtum ist ein Spiegel meiner inneren Verhältnisse.

Ich will verstehen und erkennen, daß ich es bin, der mein Leben bestimmt.

Bedeutung

Wenn der Mensch sich im Spiegel des Magiers betrachtet, wird er zum Zentrum und Motor seines eigenen Lebens. Das ist der erste und wichtigste Schritt auf seiner großen Reise zu Reifung und Wissen, seine erste große Einweihung. Ob der Mensch eine Selbsterfahrungsgruppe, eine Psychotherapie oder einen anderen Weg des Wissens beginnt, jeder Lehrer oder Meister wird ihn als erstes damit vertraut machen, die Verantwortung über sein Leben selbst zu übernehmen. Die Erziehung durch Eltern und andere gesellschaftliche Instanzen bildet zwar ein bestimmtes Muster, aber wir besitzen die Möglichkeit, es zu erkennen und uns dadurch zu befreien. So werden wir zum Magier, der seinem Schicksal immer einen Schritt voraus ist.

Auf älteren Abbildungen zeigt der Magier mit einer Hand in den Himmel und mit der anderen zur Erde. Damit sagt er: »So oben, so unten!« Mit anderen Worten: »Mensch, erkenne die ewigen Gesetze des Lebens; sie bestimmen den Lauf der Gestirne und genauso dich!«

Vor dem Magier liegen vier Werkzeuge. Der Stab besagt, daß der Mensch sein Handeln selbst bestimmt. Der Kelch versinnbildlicht, daß er Herr über seine Gefühle ist. Das Schwert ist ein Zeichen seiner geistigen Kraft, und der Fünfstern drückt aus, daß er der Meister seines äußeren und inneren Reichtums ist.

Alles im Leben ist eine besondere und einmalige Mischung aus den vier Elementen: Stab, Kelch, Schwert und Fünfstern.

Aussage

Der Magier, das männliche Prinzip
Selbstverwirklichung durch bewußtes Erkennen
Ich nehme mein Schicksal selbst in die Hand
So oben, so unten

Mantra

»Ich bin das Zentrum meines Lebens«

Englisch: The Magician
Französisch: Le Bateleur
Italienisch: Il Bagatto, Il Mago

II Die Hohepriesterin

Die Hohepriesterin

Karte II

Einstimmung

Ich ziehe mich zurück von der Außenwelt, schließe meine Augen und höre tief in mich hinein. Ich spüre mein Herz, lausche meiner inneren Stimme, den Ahnungen meiner Seele. Ich empfinde eine große Gewißheit und benötige keine weiteren Erklärungen.

Die Quelle tiefsten Wissens entspringt in mir selbst.

Bedeutung

Die Hohepriesterin verkörpert das aufnehmende, das empfangende Prinzip. Sie ergänzt den Magier, der seine Aufmerksamkeit nach außen richtet. In ihr gestalten sich die Schwingungen der Existenz zu Ahnungen. Der Magier erfährt sich und die Welt durch bewußtes Erkennen, die Hohepriesterin durch ihre Intuition.

Seit alters her verfügten wissende Frauen über diese Kraft, die weder aus der Erfahrung noch aus der Logik erwächst, sondern aus den Eingebungen der Seele. Diese Frauen waren Medien, Heilerinnen und Hexen. Das Volk und die Könige suchten diese medialen Frauen auf und baten sie um Rat. Sie konnten in die Zukunft sehen und alte Wunden heilen. Sie konnten Träume deuten, halfen bei schwierigen Geburten und wußten allerlei Mittel gegen Liebeskrankheiten und Liebestollheiten. Genauso oft wurden sie wegen ihres geheimen Wissens, das nirgendwo begründet war, verfolgt, geächtet und gequält. Woher haben die Frauen ihre Macht? Oftmals gehen sie in keine Schule und in keinen Tempel der Einweihung. Der Altar des Wissens liegt in ihnen selbst. Er ist nur durch einen dünnen Vorhang bedeckt.

Symbol dieser Fähigkeiten ist der Mond. Er bestimmt Phasen des Wachstums und der Stagnation. Die Frau ist mit ihm in natürlicher Weise verbunden; sie wird zum Medium seiner Kraft.

Heute wissen wir, daß diese Kraft in besonderer Weise an die rechte Gehirnhälfte gebunden ist. Im Unterschied zur linken Seite, welche unsere normalen kognitiven Vorgänge des Erkennens und Bestimmens ermöglicht, werden mit der rechten Hirnhälfte ganzheitliche, intuitive und kreative Schritte eingeleitet.

Auch wenn die Hohepriesterin das weibliche und der Magier das männliche Prinzip verkörpern, sind sie nicht an die männliche oder weibliche Natur des Menschen gebunden. Es sind zwei verschiedene Energien, die im Menschen – gleichgültig, ob Frau oder Mann – wirken.

Aussage

Intuition, der Weg nach innen, das weibliche Prinzip
Ich verlasse mich auf mein Gefühl, meine Ahnungen sind richtig
Ich habe heilende Energien und kann sie benützen, wenn ich gefragt werde
Ich deute die Karten nach meiner Inspiration

Mantra

»Alles, was ich wissen muß, ist in mir selbst«

Englisch: The High Priestess
Französisch: La Papesse
Italienisch: La Papessa

Die HOHEPRIESTERIN

Die Hohepriesterin

Die erste Polarität

MANN	FRAU
DER MAGIER	DIE HOHEPRIESTERIN

Magier und Hohepriesterin bilden die erste Polarität im Tarot. Sie ist so alt wie die Menschheit; sie begann, als Gott Adam und Eva schuf.

Sie ist die Voraussetzung der Gattung Mensch, denn erst wenn Mann und Frau sich vereinigen, entsteht neues Leben. Sie ist der Motor des Lebens, denn im Spannungsfeld zwischen Mann und Frau erfährt sich der einzelne Mensch als unvollständig, ihm fehlt der andere Teil. Er ist Mann *oder* Frau.

Das Tarot bedient sich dieser Spannung zwischen männlichen und weiblichen Energien, um bildhaft und damit anschaulich die beiden Grundkräfte des Lebens darzustellen. Im Land der aufgehenden Sonne heißen sie Yin und Yang, in der Physik Plus und Minus und in der Logik A und B. Alles sind Umschreibungen dieser beiden Urkräfte, die sich gegenseitig abgrenzen, bedingen, anziehen, abstoßen und miteinander verschmelzen können.

Alle anderen Polaritäten im Tarot sind nichts anderes als Variationen und höhere Schwingungen dieser einen grundsätzlichen Polarität.

Anmerkungen zu den Karten I und II

Der Magier im Famira-Tarot

In der Version von Famira drängt der Magier hinaus in eine offene Landschaft. Man sieht ihn nur noch von hinten. Diese Darstellung soll das aktive und offensive Element des Magiers betonen.

Der Magier im Waite-Tarot

Waite bezieht sich in seiner Magierversion auf den Gott Apollo. Über seinem Haupt befindet sich eine liegende Acht, Symbol der Unendlichkeit. Auch die Schlange, die sich um den Leib des Magiers windet und sich in den eigenen Schwanz beißt, ist ein altes Zeichen für Unendlichkeit und Ewigkeit. Die vier magischen Werkzeuge auf dem Tisch sind wieder die vier Elemente Stab, Kelch, Schwert und Fünfstern.

Durch die aufgerichtete Haltung und die vorherrschenden Farben Rot und Gelb strahlt Waites Magier vor allem Ruhe, Erhabenheit und jugendliche Stärke aus.

Der Magier im Crowley-Tarot

Bei Crowley wird der Magier durch den griechischen Gott Merkur dargestellt. An seinen Füßen trägt er zwei Flügel, die Schnelligkeit und Geschicklichkeit symbolisieren. Der Affe zur Rechten und die beiden Schlangen an seinem Kopf entstammen der ägyptischen Mythologie. Rechts und links vom Magier befinden sich die vier Elemente Stab, Fünfstern, Schwert und Kelch.

Durch die gelben und blauen Strahlen vermittelt das gesamte Bild den Eindruck von Bewegung, Dynamik und Expansion.

Farbgebung der Karte I

Bei Crowley überwiegen die Farben Blau, Violett und Grün und damit der Charakter des Geheimnisvollen. Bei Waite sind Rot und Gelb, die Farben des Lichtes und der Kraft des Tages, betont. Für den Magier im Famira-Tarot empfiehlt es sich, in Anlehnung an Waite den Mantel mit einem deutlichen Rot auszumalen, um seine aktive, männlich-feurige Kraft herauszustreichen. Zugleich ist Rot die Farbe des Geistes. Damit wird betont, daß der Magier am Anfang eines Weges der geistigen Selbsterkenntnis steht.

Die Hohepriesterin im Crowley-Tarot

Sie wird durch die ägyptische Mondgöttin Isis verkörpert. Aus ihrem Haupt entspringen sieben Mondsicheln, die mit dem feinen Netzwerk, das die ganze Karte überzieht, verbunden sind. Das Kamel zu Füßen der Hohenpriesterin mag ein Symbol für die Ausdauer sein, mit der ein Mensch in sich selbst nach der richtigen Eingebung forschen muß, bis er fündig wird.

Die Hohepriesterin im Waite-Tarot

Auch Waite rückt die Hohepriesterin in die Nähe der Göttin Isis. Sie sitzt zwischen den beiden Tempelsäulen des Königs Salomo mit dem Namen Boas (B) und Jakim (J). Diese beiden Säulen spiegeln die Polarität allen Lebens wider. Hier wird sie durch die Farben Schwarz und Weiß ausgedrückt. Zwischen den Säulen befindet sich der Schleier der Isis, hinter dem sich die Wirklichkeit verbirgt. In der Hindu-Religion entspräche dieser Vorhang dem Schleier der Maya, der großen Illusion. In ihrem Schoß ist eine Schriftrolle mit dem Wort Tora. Es bedeutet das höhere Gesetz. Das Kreuz auf ihrer Brust versinnbildlicht ihre erdige Seite.

Die Hohepriesterin im Famira-Tarot

Diese Versionen der Hohenpriesterin unterscheiden sich nur unwesentlich von den anderen Vorlagen. Sie hält die Augen geschlossen, um zu zeigen, daß sie nicht draußen in der Welt, sondern in ihrem Inneren die Wahrheit erspürt.

Farbgebung der Karte II

Sowohl Crowley als auch Waite bevorzugen Blau- und helle Grautöne. Bei Waite ist der Mond und der Vorhang der Isis gelb. Im ausmalbaren Tarotdeck von Famira sollten daher ebenfalls diese Farbtöne vorherrschen. Blau ist die Farbe des Wassers und des Himmels, des Glaubens und der Menschenliebe. So hebt dieser Farbton die Tiefe und Weite der Hohenpriesterin heraus. Auch ihre weibliche Seite wird mit diesem Farbton unterstrichen. Die beiden Säulen sollten in jedem Falle in einem starken, farblichen Kontrast zueinander stehen.

III Die Kaiserin

Die Kaiserin

Karte III

Einstimmung

Ich bin in der Natur, irgendwo auf einer Wiese, an einem stillen Berghang, am Meer.

Ich bin der Natur sehr nahe, spüre sie, kann sie verstehen. Ich werde selbst zu einem Teil von ihr und fühle mich aufgehoben, sicher und geborgen.

Das Grün der Wiesen beruhigt meine Augen.

Das unendliche Blau des Himmels macht mich hoffnungsvoll und froh.

Das Rauschen des Wassers erfüllt mich mit tiefer, innerer Ruhe. Ich kann sie spüren — die große Mutter Natur.

Bedeutung

Der Mensch wird neun Monate lang von seiner leiblichen Mutter getragen. In dieser Zeit erfüllt sich für ihn alles von selbst. Er braucht sich um nichts zu kümmern, nichts ist zu tun.

Bei der Trennung während der Geburt erlebt der Mensch zum erstenmal Angst. Von diesem Zeitpunkt an muß er selbst aktiv werden. Er beginnt sich zu sorgen. Zunächst um Nahrung, Liebe und Wärme, später um Sicherheit und Geld. Sein ganzes Tun ist darauf ausgerichtet, seine Existenz zu sichern.

Er übersieht dabei, daß alles, was er zum Leben wirklich braucht, vorhanden ist und immer schon vorhanden war: Luft zum Atmen gibt es überall. Die Erde ernährt, Nahrung wächst im Überfluß. Wasser, um den Durst zu stillen, fällt wieder und immer wieder vom Himmel. Das Herz schlägt nach einem geheimen inneren Plan von selbst. Der Mensch entsteht, wächst und gestaltet sich zu Formen, die er nicht bestimmen kann.

Er braucht sich in Wirklichkeit nicht zu sorgen! Das Leben, die Existenz, die Große Mutter, Gott oder wie immer man Es nennen will, trägt ihn auf geheimnisvolle Weise wie einst die leibliche Mutter.

Im Mythos ist die Erde ein lebendiges Wesen, eine Frau mit dem Namen Gaia. In ungeheuerer Großzügigkeit gibt sie den Menschen alles, wonach sie verlangen. Aber sie kann auch drohen und zerstören, wenn sie ausgebeutet wird.

Im Lichte der Karte der Kaiserin erfährt sich der Mensch wieder als Teil der lebendigen Existenz. Er ist im Austausch mit der Schöpfung, nimmt in Dankbarkeit und gibt wieder zurück. Er erfährt, daß er nie getrennt ist von der großen Mutter Erde.

Aussage

Die Erdenmutter, die Natur, Fruchtbarkeit, Gaia
Sicherheit, Geborgenheit und Wärme
Sorgloses Dasein, Urvertrauen
Alles, was du wirklich brauchst, ist vorhanden
Nichts ist zu tun
Das Mutterprinzip, Schwangerschaft, Geburt

Mantra

»Ich bin eins mit der Schöpfung«

Englisch: The Empress
Französisch: L'Imperatrice
Italienisch: L'Imperatrice

Weitere Namen: Die Herrscherin (bei Waite)

IV Der Kaiser

Der Kaiser

Karte IV

Einstimmung

Ich fühle mich gezwungen, eingeengt, festgelegt.

Ich quäle mich, diesen Zustand zu beenden, setze meine ganze Kraft ein und scheitere dennoch – unabänderlich, unerbittlich.

Ich spüre eine fremde Macht, der ich mich unterwerfen muß.

Bedeutung

Im Licht des Kaisers wird die gesamte Existenz ein Ausdruck von Gesetz und Ordnung. Der Mensch erfährt seine Bestimmung jenseits aller eigenen Willkür, er wird fremdbestimmt.

Der Kaiser hat sich zurückgezogen von den Menschen, er lebt im leeren Raum, in der Wüste, hinter den Bergen, auf einem steinernen Thron. Aus dieser Perspektive wird alles zum abstrakten Gesetz: der Lauf der Sterne, die Menschheitsgeschichte, das individuelle Leben.

Der Gedanke einer absoluten Ordnung hat immer wieder Menschen bewegt, darin einen Ausdruck der Schöpfung, ein Prinzip Gottes zu sehen. Gott selbst sei ein Symbol, eine Umschreibung für dieses unumstößliche Gesetz. Der Wissenschaftler will diese Gesetzmäßigkeit in abstrakte Formeln bannen, der Philosoph formuliert endgültige Metaphern. Der Astrologe bindet das menschliche Leben an den ewigen Lauf der Sterne. Gesetz, Karma, Schicksal, Lebensplan sind die verschiedenen Gestalten, in denen sich der Herrscher offenbart. Ebenso zeigt der unerbittliche Wille des Vaters dieses Gesicht.

Das absolute Gesetz verwirklicht sich auch im Tarotspiel, beim Griff nach der vorbestimmten Karte.

Der Mensch erlebt dieses Prinzip immer wieder als Begrenzung, als Gegenkraft zu seiner Lebensenergie. Sein Wunsch nach Selbstverwirklichung und das eherne Gesetz des Herrschers prallen aufeinander wie Feuer und Eis. Deswegen ist der Thron des Kaisers oft mit der Trophäe eines Widders geschmückt. Der feurige Widder als Ausdruck der vitalen Ichbezogenheit zerbricht am steinernen Thron des Herrschers.

Aber wer sich dem Herrscher fügt, der findet seine Bestimmung. Er wird selbst zum Kaiser, der sein eigenes Reich regiert.

Manchmal wird der Herrscher als Tyrann empfunden. Aber das bedeutet auch, daß sich der Mensch ihm gegenüber zum Sklaven erniedrigt hat und sich zuerst befreien muß.

Wie die Kaiserin als die große Mutter gesehen werden kann, so ist der Kaiser als der große Vater zu verstehen. In seiner Hand hält er ein Zepter, Symbol seiner Zeugungskraft und Vaterschaft.

Aussage

Ordnung und Klarheit im Unterschied zu Willkür und Chaos
Das absolute Gesetz verwirklicht sich
Ein fremder Wille setzt sich durch
Das Individuelle, Persönliche muß zurücktreten
Der Vater, Zeugungskraft, Vaterschaft

Mantra

»Ich bin mein eigener Herrscher«

Englisch: The Emperor
Französisch: L'Empereur
Italienisch: L'Imperatore

Weitere Bezeichnungen: der Herrscher (bei Waite)

Der HERRSCHER

IV | Der Kaiser | IV°

Die zweite Polarität

MUTTER   VATER
DIE KAISERIN   DER KAISER

Nach der Polarität Mann − Frau (Magier − Hohepriesterin), begegnen wir jetzt einer neuen Differenzierung: Der Mann wird zum Vater und die Frau zur Mutter. Beide, Vater und Mutter, verkörpern Prinzipien der Fürsorge. Dabei ist die Mutter überfließend, weiblich und gebärend, während der Vater kontrollierend, beschränkend und einengend ist. Trotzdem ist es falsch, im Vater das negative und in der Mutter das positive Prinzip zu sehen. Auch der Vater erfüllt sein Wesen, seine Natur. Er vermittelt die Gesetze des Lebens und damit Verläßlichkeit und Sicherheit.

Vater und Mutter müssen im Einklang sein und bedürfen sich gegenseitig. Wird das Mutterprinzip überbetont, wird das Kind weich, ängstlich und unselbständig. Überwiegt das Vaterprinzip, wird das Kind hart, zwanghaft und autoritär.

Auch bei Herrscher und Herrscherin sind nicht die natürlichen Eltern Vater und Mutter gemeint, sondern es handelt sich um Prinzipien, die jedem Menschen − ob Frau oder Mann − innewohnen.

Anmerkungen zu den Karten III und IV

Die Kaiserin im Famira-Tarot

Die halbnackte Venus-Frau unterstreicht besonders das sinnliche und mütterliche Prinzip.

Die Kaiserin (Herrscherin) im Waite-Tarot

Auch für Waite ist die Frau eine Verkörperung der Venus, was durch das Venus-Symbol auf dem Herz deutlich wird. Die Kornähren und das fließende Wasser sind ein Ausdruck für Fruchtbarkeit und Mütterlichkeit. Es gibt einige Hinweise darauf, daß der weite Umhang der Frau andeuten soll, sie trage ein Kind in ihrem Leib.

Die Kaiserin im Crowley-Tarot

Dargestellt ist Venus, die Göttin der Liebe. Sie wird umgeben von Geschöpfen der Natur, was sie zur großen Mutter und zum Symbol der

Fruchtbarkeit macht. Oben sind es ein Sperling und eine Taube, unten ist es ein Pelikan, der seine Kinder mit seinem eigenen Blut nährt und ein weißer Adler. In der Hand hält sie einen phallusartigen Lotosstiel, was bedeutet, daß sie die Männlichkeit bejaht. Die beiden schmalen Mondsicheln symbolisieren die sechs Tage um den Neumond, einer besonders fruchtbaren Phase.

Farbgebung der Karte III

Bei Crowley überwiegen die hellblauen Farben des Himmels, bei Waite ist der Himmel gelb, genauso die Kornähren. Beim Ausmalen der Famira-Karte können die fünf Hauptfarben genommen werden: Blau als Farbe der großen Menschenliebe und Mütterlichkeit der Kaiserin. Rot und Gelb für ihre Kraft. Die Farbe Grün symbolisiert Sympathie, Naturverbundenheit und Kreativität und sollte zur Gestaltung der Natur verwendet werden. Weiß, die Farbe des Kleides bei Waite, ist eine vollendete Farbe und bedeutet Reinheit.

Der Kaiser im Famira-Tarot

Durch das Schwert, das (eiserne) Kreuz und den harten Gesichtsausdruck soll die Strenge und Beherrschtheit des Kaisers zum Tragen kommen.

Der Kaiser (Herrscher) im Waite-Tarot

Die vier Widdertrophäen stehen für die Macht des Herrschers über das Spontane. Gleichzeitig sind sie, ähnlich dem Zepter in seiner Hand, ein Ausdruck seiner Zeugungsfähigkeit. Damit wird er zum Vater als Gegenstück der kaiserlichen Mutter.

Der Kaiser im Crowley-Tarot

Die beiden Böcke an seinem Haupt sollen seine Kraft verstärken. Das Lamm zu seinen Füßen aber seine Bereitschaft zur Demut. Der doppelköpfige Adler verweist auf seine Nähe zur Sonne, so wie der weiße Adler auf der Karte der Kaiserin dem Mond nahe steht. Seine Beine formen ein Kreuz, Symbol seiner Nähe zur materiellen Wirklichkeit.

Farbgebung der Karte IV

Auf den Karten von Crowley und Waite herrschen die Farbtöne Rot, Orange und Gelb vor. Sie symbolisieren geistige Kraft und Weisheit (Rot) und Klarheit (Gelb). Diese Farben können auch bei der Gestaltung der Famira-Karte benützt werden.

V Der Hohepriester

Der Hohepriester

Karte V

Einstimmung

Ich erfahre die Wahrheit durch einen Lehrer oder Meister. Ich höre ihm zu, lese sein Buch, sitze in seiner Nähe.

Seine Worte dringen in mich ein, erfüllen mich. Es ist, als würde ich jetzt zum ersten Mal sehen, begreifen, verstehen, was mir bisher immer rätselhaft war.

Ich habe einen Schlüssel gefunden, der eine verborgene Türe öffnen kann.

Bedeutung

Der Hohepriester ist der Eingeweihte. Ihm hat sich eine tiefe Wahrheit offenbart, die weit über das alltägliche Wissen hinausreicht. Dadurch wird er zum Lehrer und Meister.

Seine Kraft zieht Suchende an, die sich von ihm einen Rat für den eigenen Weg erhoffen. Aber wer wirklich tief in das Geheimnis des Lebens eindringen will, muß sich dem Meister ergeben, ihn lieben, ihm nachfolgen und eine Zeitlang sein Schüler werden.

»Wer die Wahrheit sucht, folge mir nach«, sprach Jesus. Ouspensky folgte Gurdjieff, seinem Lehrer, zweimal um die halbe Welt, nur um zu hören, daß er wieder gehen könne. Der bedeutendste Meister der letzten Zeit, Osho, früher Bhagwan Shree Rajneesh (gestorben 1990), hatte beinahe eine Million Schüler, die alle von seinem tiefen Wissen, seinem Humor und seiner Ausstrahlung angezogen wurden. Sie leben heute als Sannyasins überall in der Welt.

Die Beziehung zwischen einem Meister und seinen Schülern basiert immer auf Liebe. Das ist der Schlüssel, den der wirkliche Lehrer besitzt. Ohne Liebe wird alles Wissen bedeutungslos und sogar zerstörerisch. Ein Kind, das in der Schule seinen Lehrer mag, lernt gerne, und ein Lehrer, der es nicht versteht, seine Schüler durch Liebe und Begeisterung zu motivieren, sät Abwehr statt Interesse.

Nicht immer verkörpert der Hohenpriester einen Meister wie Jesus oder Buddha. Jeder Lehrer, ja sogar jedes Buch kann für eine Zeitlang wegweisend sein. Doch immer gilt die große Bedeutung der Liebe.

Im Lichte der Karte des Hohepriesters richtet der Mensch sein Leben nach den Weisungen eines Meisters. Er erkennt in ihm einen Weg zu seiner Vollendung und empfängt die Schlüssel, die aus Liebe geschmiedet sind.

Aussage

Die Suche nach einem Lehrer, einem Rat, einem wichtigen Buch
Die Beziehung zu einem Meister
Die Lehre, das Wort, Offenbarung und Einweihung
Liebe als Schlüsselwort

Mantra

»Wahrheit und Liebe wird zum Licht«

Englisch: The Hierophant
Französisch: Le Pape
Italienisch: Il Papa

Weitere Bezeichnungen: Der Hierophant (bei Waite)

Der HIEROPHANT

1 Der Hohepriester 8

VI Die Liebenden

Die Liebenden

Karte VI

Einstimmung

Wenn ich liebe, fühle ich mich von einem anderen Menschen verstanden, angenommen, erlöst aus meiner Einsamkeit. In mir ist Seligkeit und Sehnsucht.

Ich bemerke, daß sich alles verändert hat; ich fühle mich leichter, gehe beschwingter, und das Licht und die Farben sind kräftiger. Ich kann mir nicht vorstellen, daß es jemals anders war und daß es jemals anders sein wird. Ich könnte Berge versetzen — aber wozu? Alles ist vollendet, meine Welt und die meines Geliebten. Ich bin vollkommen.

Bedeutung

Im Zeichen der Liebenden begegnen sich weibliche und männliche Energie, Magier und Hohepriesterin, Yin und Yang.

Liebe ist nur möglich, wenn es die Zweiheit gibt, die die Einheit sucht. Um dies zu erfüllen, muß das Eine erkennen, daß es allein unvollständig ist: Der Magier ist männlich, aktiv. Er tritt hinaus in die Welt. Die Hohepriesterin ist weiblich. Sie zieht sich von der Welt zurück, sieht in ihren geheimnisvollen, inneren Spiegel.

Diese Gegensätze sind wie die Pole eines ungeheuren Energiefeldes. Man sagt, daß Gott zwei Geschlechter schuf, weil er wußte, daß diese Spannung den Menschen nicht ruhen läßt, bis er erlöst ist.

In der Liebe erfährt der Mensch diese Erlösung. Die Spannung verwandelt sich in ein ekstatisches Glücksgefühl. Die Unterschiede heben sich auf und ergänzen sich. Mann und Frau erfüllen sich, sind in Harmonie. Magier und Hohepriesterin verschmelzen zum Kreis, wachsen zusammen zu einer neuen, vollkommeneren Einheit.

Im Unterschied zur Karte des Hohenpriesters begegnen sich nicht Meister und Schüler, sondern Mann und Frau, zwei gleichwertige Menschen. Das ist wichtig, denn nur im Gefühl vollständiger Gleichwertigkeit entsteht ein Energiefeld ohne Abhängigkeit.

Die Vereinigung zwischen Mann und Frau findet auf sexueller, gefühlshafter und geistiger Ebene statt. Alle zusammen münden in einen feinstofflichen Prozeß, der jeden Mann und jede Frau auch einzeln transformieren und erhöhen kann.

Aussage

Die Liebe, die Liebenden
Gegenseitige Erfüllung
Harmonie und Ergänzung
Sexuelle, sinnliche Vereinigung
Transformation

Mantra

»Ich bin geschaffen für liebevolle, gegenseitige Vereinigung«

Englisch: The Lovers
Französisch: L'Amoureux
Italienisch: Gli Amanti

Weitere Bezeichnungen: Die Brüder (bei Crowley)

Die dritte Polarität

GEISTIGE LIEBE   KÖRPERLICHE LIEBE
DER HOHEPRIESTER   DIE LIEBENDEN

Die dritte Polarität betrifft Liebe und zwischenmenschliche Beziehungen.

Es gibt die Liebe zwischen gleichgestellten Menschen — Mann und Frau —, die Erotik und Sexualität mit einbezieht. Und es gibt die geistige Liebe wie z. B. zwischen Meister und Schüler. Man nennt sie auch platonische Liebe. Beide Male hält das kraftvolle Band der universellen Liebe die Beziehung aufrecht.

Geistige Liebe ist die Voraussetzung dafür, daß der Mensch wachsen will. Das Kind vergleicht sich mit dem geliebten Vater und findet dadurch die Kraft zum Lernen. Der Schüler sehnt sich danach, seinem großen Meister ebenbürtig zu sein und nimmt die mühsamen Exerzitien und langen Meditationen auf sich.

Geistige Liebe ist die Voraussetzung für die geistige Entwicklung der Menschen. Liebe zwischen Mann und Frau dagegen ist der Ursprung für den physischen Fortbestand der Menschheit als Rasse.

Anmerkungen zu den Karten V und VI

Der Hohepriester im Famira-Tarot

Im Tarot-Deck von Famira hat sich der Hohepriester in einen lächelnden Buddha aus dem Land der aufgehenden Sonne verwandelt, weil dort die Tradition einer lebendigen Meister-Schüler-Beziehung am lebendigsten ist.

Der Hohepriester im Waite-Tarot

Die Version von Waite erinnert an den Papst. In seiner Hand hält er den Stab mit den drei Kreuzen, ein altes Zeichen der Geheimlehren. Die beiden Schlüssel verkörpern weltliche und geistige Macht.

Der Hohepriester im Crowley-Tarot

Die vier Figuren in den Ecken sind die Symbole der Cherubim oder Wächter der Elemente Stier (Erde), Löwe (Feuer), Engel (Luft) und Adler (Wasser). Die Frau mit dem Schwert verkörpert in der Crowleyschen Philosophie das neue Zeitalter. Das Kind im Fünfstern ist der neue Mensch. Der Elefant wird als transformierter Stier gedeutet. Die ganze Karte ist voller Symbole und Rätsel. Vermutlich hat sich Crowley in der Gestalt des Hohenpriesters selbst verewigt – und wollte damit auch die Rätselhaftigkeit seines Schaffens und Wirkens festhalten.

Farbgebung der Karte V

In den beiden Vorlagen von Crowley und Waite überwiegt der Farbton Rot als Ausdruck des geistig-vitalen Potentials des Hohenpriesters. Die Farbe Gelb bei Waite deutet an, daß der Hohepriester durch seine Klarheit wirkt. Für das Tarot von Famira sei daher zu einer Mischung aus den Farben Rot (Geist), Gelb (Klarheit) und Blau (Glaube) geraten.

Die Liebenden im Famira-Tarot

Dargestellt wird die körperliche Liebe zwischen zwei Menschen. Der Aronstab gilt als Symbol für sexuelle Vereinigung.

Die Liebenden im Waite-Tarot

Waite stellt Adam und Eva im Paradies mit dem Engelwächter Gottes und der Schlange dar. Damit verweist er symbolisch auf den Sündenfall, der den Menschen an den Anfang seiner Suche nach Gott stellt.

41

Die Liebenden im Crowley-Tarot

Während die Karte selbst wunderschön eine Vermählung von Mann und Frau und damit aller Gegensätze (z. B. Löwe – Adler, weiße – schwarze Hautfarbe) wiedergibt, bezieht sich Crowley in seinen Erklärungen zu dieser Karte auf den Brudermord Kains an Abel.

Farbgebung der Karte VI

Die Körper der beiden Liebenden bleiben am besten weiß (als Zeichen der Reinheit). Dagegen können in der umgebenden Natur die Farben Rot (für Leidenschaft und Weisheit) und Grün (für Sympathie und Fruchtbarkeit) verwendet werden.

VII Der Siegeswagen

Der Siegeswagen

Karte VII

Einstimmung

Ich fühle mich wie gespalten. Eine Stimme sagt ja, eine andere nein. Hierhin? Nein dorthin! Was immer ich entscheide, die andere Seite holt mich ein.

Gelähmt bleibe ich in der Mitte stehen.

Dieser innere Kampf ist quälend und raubt mir die Kraft. Ich werde zum Spielball unbewußter Mächte, die stärker sind als ich.

Bedeutung

Alles im Leben ist dual.

Wer Liebe für einen Menschen spürt, kennt auch die Angst vor Nähe und Abhängigkeit; und wer endlich reich geworden ist, merkt, daß er jetzt gegen den Neid der anderen kämpfen muß.

Das Tarot greift zu verschiedenen Sinnbildern, um diese Polarität auszudrücken: ein weißes und ein schwarzes Pferd; eine weiße und eine schwarze Sphinx. Diese Kräfte stoßen sich ab, ziehen sich an, folgen einander und gehen ineinander über. Sie sind geheimnisvoll und wirken im Unbewußten; man kann sie nicht fassen.

Manche Menschen klammern einfach eine Seite aus, sind männlich oder weiblich, und versuchen, den anderen Pol zu unterdrücken. Aber ihr Leben wirkt künstlich wie eine Blume aus Plastik. Andere ergeben sich vollständig der Dualität, sagen heute so und morgen so, fallen von einem Extrem in das genaue Gegenteil und werden anderen und schließlich sich selbst gegenüber unglaubwürdig.

Der Krieger, der zum Sieger werden will, bejaht die Dualität, aber stellt sich zugleich über sie. Er weiß, daß sein Leben immer zwischen den beiden Kräften eingespannt ist; aber er identifiziert sich weder mit der einen noch mit der anderen. Dadurch verliert die Dualität ihre Macht. Die Kräfte werden vorhersehbar und lenkbar. Die Tiere oder Sphinxen, Sinnbilder der Zweiheit, folgen den Zügeln des Geistes.

Aussage

Einsicht, Bewußtheit
Der Einblick in die Dualität des Lebens
Ich wachse über meine Zweifel hinaus
Ich beende einen inneren Kampf
Ich wachse über meine Leidenschaften hinaus

Mantra

»Ich stehe über dem Leben«

Englisch: The Chariot
Französisch: Le Chariot
Italienisch: Il Carro

Weitere Bezeichnungen: Der Wagen (bei Crowley und Waite)

VIII Die Stärke

Die Stärke

Karte VIII

Einstimmung

Ich bin stark!
Ich fühle die Energie in meinem ganzen Körper. Meine Gedanken sind klar, mein Herz ist ohne Angst. Ich bin sicher, handle aus meinem Bauch heraus und begegne dem Leben mit Liebe und Lust.
Ich bin wie ein Löwe – so furchtlos wie er und so verspielt.

Bedeutung

Der Löwe ist der König der Tiere und seit alters her ein Symbol für die menschliche Triebkraft. Die magische Frau, eine Verkörperung der Hohenpriesterin, hat ihn gezähmt. Sie spielt ohne Angst mit dem großen Tier und streichelt voll Lust sein goldenes Fell.

Wer den Löwen zähmen will, braucht die Fähigkeiten einer magischen Frau: Klugheit, Phantasie und ein sicheres Gefühl. Man kann sich dem wilden Tier nur sehr behutsam nähern, muß sich in sein Wesen hineinspüren und es kennenlernen. Es darf nicht erschreckt werden, sonst überfällt es den Menschen mit einem gewaltigen Sprung. Der Mensch muß dem Löwen aber auch seine Entschlossenheit, seinen Mut und seine Furchtlosigkeit zeigen. Er muß ihn mit der Kraft seiner Liebe besiegen. Erst dann erträgt der Löwe die Gegenwart des Menschen und gewöhnt sich an ihn. Er wird zur verspielten Katze, zum starken und treuen Freund.

Genauso ist es mit der menschlichen Triebkraft: Wer sie mit Gewalt bekämpft und unterdrückt, hemmt seine Lebenskraft. Wer sich vor ihr ängstigt, fürchtet sich auch vor dem Leben. Wer seine natürlichen Energien nicht auslebt, wird nervös und angespannt, bis sie aus ihm herausbrechen, plötzlich und unerwartet.

Der Mensch soll seinem Körper mit Liebe begegnen, ihn zuallererst beobachten und kennenlernen, sich in ihn hineinspüren, seine Schwingungen verstehen – dann wird er zu einer Quelle tiefer Kraft, Freude und Lust.

Im Lichte der Karte der Stärke bejaht der Mensch seine Tiernatur. Er zähmt sie, ohne sie zu unterdrücken und ohne ihr auszuweichen. Hierdurch erhält er die Kraft des Löwen, seine Furchtlosigkeit und seine spielerische Lust und Freude.

Aussage

Weibliche Stärke, Geduld und Entschlossenheit
Der Umgang mit dem eigenen Körper
Freude und körperliche Lust
Sexualität

Mantra

»In mir ist die feurige Kraft des Löwen«

Englisch: The Strength
Französisch: La Force
Italienisch: La Forza

Weitere Bezeichnungen: Kraft, Lust (Karte XI bei Crowley)

Die vierte Polarität

DAS TIER IM MANN	DAS TIER IN DER FRAU
DER SIEGESWAGEN	DIE STÄRKE

Auf der Karte VII und VIII begegnet der Mensch dem Tier in sich selbst. Das Wissen, daß der Mensch vom Tier abstammt, ist uralt, und genauso waren sich die Weisen der Jahrtausende darüber einig, daß der Mensch zu einem großen Teil immer ein Tier bleibt. Seine Instinkte, Triebe, Reflexe — alles Körperhafte sind und bleiben animalischer Natur. Die Astrologen nannten aus diesem Grund den Zodiak der zwölf Energien den Tier-Kreis und gaben sieben Zeichen die Namen von Tieren. Die chinesische und die indianische Astrologie kennen sogar nur Tiernamen. Die Forschung der letzten Jahrzehnte hat wissenschaftliche Beweise für die ungeheure Nähe zwischen Tier und Mensch erbracht.

Das Tarot zeigt zwei Wege im Umgang mit dem Tier: der männliche Weg (Karte VII) erfordert geistige Kraft, Beobachtung, Neutralität und Konzentration; der weibliche Weg (Karte VIII) läßt Nähe zu, ist emotional und intuitiv. Natürlich sind diese beiden Wege nicht an die weibliche beziehungsweise männliche Natur gebunden. Trotzdem sind sie in gewisser Weise typisch für Mann und Frau: Der Mann möchte seine Triebe kontrollieren, sucht Distanz, will sie lenken und unterscheidet ›angenehme‹ (das weiße Pferd, die weise Sphinx) und ›gefährliche‹ (das schwarze Pferd, die schwarze Sphinx) Triebe. Die Frau ist in totaler Nähe und Einheit mit dem Tier, ihrem Gefühl, dem, was sie gerade ist. Sie liefert sich aus und gewinnt dadurch an Kraft.

Anmerkungen zu den Karten VII und VIII

Der Siegeswagen im Famira-Tarot

Sonne, Mond und die verbundenen Augen sollen ausdrücken, daß der Wagenlenker dem Wirken der Gegensätze in seinem tiefsten Inneren nachspürt, um sie zu verstehen.

Der Siegeswagen (Der Wagen) im Waite-Tarot

Waites Wagen wird von einer weißen und einer schwarzen Sphinx gezogen. Er deutet diese Karte als Vereinigung von Gegensätzen. Symbolisch wird dies auch durch das Bild der vereinigten, menschlichen Geschlechtsorgane vorne auf dem Wagen ausgedrückt.

Der Siegeswagen (Der Wagen) im Crowley-Tarot

Die vier Sphinxen entstammen den vier Cherubim Stier, Löwe, Engel und Adler. In seiner Hand hält der Ritter den blauen Heiligen Gral. Crowley deutet die Karte besonders als die Gralssuche der Kreuzritter.

Farbgebung der Karte VII

Bei Crowley und Waite herrschen die Farben Blau (Liebe), Gelb (Klarheit) und Rot (Stärke) vor. Diese Farben sollten auch bei den Gewändern oder dem Wagen des Siegers vorkommen, um seine universellen Energien auszudrücken. Auch der Gegensatz zwischen den beiden Sphinxen sollte farblich betont werden.

Die Stärke im Famira-Tarot

Hier wird wie bei Crowley stärker ausgedrückt, daß die Frau selbst die Sinnlichkeit und Lust des Löwen besitzt.

Die Stärke im Waite-Tarot

Für Waite verkörpert die Frau den Triumph über die Leidenschaften. Die Frau selbst ist daher ohne jede Sinnlichkeit dargestellt.

Die Stärke (Lust-Karte XI) im Crowley-Tarot

Bei Crowley ist die Tarotkarte mit der Zahl VII die Gerechtigkeit (bei Waite und Famira trägt diese Karte die Zahl XI), und die Stärke hat bei ihm die Zahl XI. Wie später (siehe Karte XI) noch erklärt wird, ist eine Numerierung nach Waite sinnvoller. Außerdem gibt Crowley der Karte Stärke den Namen Lust. Damit betont er die Lust und Leidenschaft, die auf der Karte zum Ausdruck kommt. Der Löwe besitzt sieben Köpfe. Es sind archaische Visionen aus dem Reich der Sinne, die ohne Vorurteile angenommen werden sollen.

Farbgebung der Karte VIII (bzw. Karte XI)

Bei Waite ist der Löwe rot (Feuer, Triebkraft, aber auch Weisheit), bei Crowley gelb (die Farbe der Sonne und der Klarheit). Diese Farben sind auch für Famiras Karte geeignet. Beim Ausmalen sollte man versuchen, mit dem eigenen, inneren Feuer in Kontakt zu kommen und selbst zu entscheiden, wie kräftig die Farbe Rot bei dem Löwen und der magischen Frau aufgetragen wird.

IX Der Eremit

Der Eremit

Karte IX

Einstimmung

Ich bin allein.

Für einen Moment spüre ich meine Einsamkeit. Ich erinnere mich an das bunte Treiben der Welt, an einen lieben Freund... dann holt mich die Stille ein, erfüllt mich.

Jetzt zähle nur ich selbst.

Ich bin allein − aber nicht einsam, denn ich finde mich, wo immer ich hingehe. Ja, ich sehe mich zum ersten Mal so, wie ich wirklich bin, und spüre die Tiefe und Feinheit meiner Seele. Ich bin allein.

Bedeutung

Der Mensch geht in die Einsamkeit, um sich selbst zu finden. Er sucht die Wahrheit, das Licht, das ihm einen Weg zeigt, ihn erleuchten soll. Immer schon gingen suchende Menschen ganz bewußt diesen Weg: Buddha, Jesus und alle Eingeweihten und Yogis der Jahrtausende.

Der Eremit will mit sich allein sein. Er will keinen anderen Menschen, der ihn führt und keine Bücher, die ihm einen Rat geben. Doch es genügt ihm nicht, sich nur nach innen zurückzuziehen und dabei unter den Menschen zu bleiben. Allein die Nähe zu anderen lenkt ihn ab. Der Eremit sucht die Ferne zu den Menschen. Er will nur sich.

Er hört auf zu sprechen, weil jedes Wort nur Rätsel schafft, Schatten wirft: In der Liebe ist der Haß verborgen, im Freund der Feind, im Himmel die Hölle... Nur Schweigen klingt nicht nach.

In diesem stillen Raum lauscht er der inneren Wirklichkeit und entdeckt ein großes Geheimnis: Alles, was er draußen in der Welt suchte und erhoffte, war immer schon in ihm verborgen: Licht, Farbe, Musik, Kraft und Liebe. Selbst Gott ist nicht irgendwo, weit entfernt, sondern tief in seiner eigenen Seele.

Er erfährt, daß nichts ihn mehr verwirklichen kann, niemand ihn mehr erfüllen kann, als er selbst.

Er findet das Licht, das ihn erleuchtet.

Aussage

Einsamkeit, Stille, Selbstgenügsamkeit
Ich brauche keinen anderen Menschen, um mich zu verwirklichen
Die Lösung liegt in mir
Ich ziehe mich eine Weile von den Menschen zurück

Mantra

»Alles, was ich brauche, ist in mir selbst«

Englisch: The Hermit
Französisch: L'Hermite
Italienisch: L'Eremita

Weitere Bezeichnungen: Der Einsiedler

X Das Glücksrad

Das Glücksrad

Karte X

Einstimmung

Mein Leben ist ein ständiges Auf und Ab.

Heute geht es mir gut, morgen fühle ich mich schlecht. Eben noch war ich leicht und froh, und jetzt bin ich nachdenklich und schwer.

Ich begreife nicht, wie meine Stimmung so plötzlich wechseln kann. Ich möchte die schönen Stunden festhalten und genießen, aber die traurigen vermeiden.

Oder ich bin verzweifelt und glaube, daß diesmal mein Schmerz niemals enden wird. Kurze Zeit darauf bin ich aus dem Tal heraus und habe vergessen, daß es jemals schlechte Zeiten gab.

Ich klammere mich an das Glück wie ein Ertrinkender an einen Strohhalm.

Bedeutung

Der Mensch sucht das Glück.

Letztlich ist es diese Suche, die ihn im Leben vorwärtstreibt. Manche Menschen jagen sogar nach dem Glück. Sie sind immer dort, wo sie glauben, daß es seinen Anfang nimmt: auf Festen, im Kasino, an den momentanen Treffs der Szene oder auf der Börse. Wie Wellenreiter versuchen sie, auf der höchsten Woge des Glückes mitzuschwingen. Doch das Glück ist ein Rad, es dreht sich wie die Erde. Und genauso, wie wir nicht bemerken, daß die Erde sich um die eigene Achse bewegt, entgehen uns die endlosen Wiederholungen unseres Lebens. Der Mensch muß einsteigen in die Gondel. Sie trägt ihn hinauf in schwindelnde Höhen der Ekstase, aber auch hinunter in Kummer und Leid.

Manche Menschen verlieren sich in diesem Schwung. Sie klammern sich an das Glück und wollen den Schmerz nicht erleben. Dieser ungelebte Schmerz hängt sich an sie, er verkrampft und verbittert sie.

Der bewußte Mensch entdeckt, daß sich sein Leben nur ständig wiederholt. Was er heute als Freude feiert, ist genauso wenig neu, wie der Schmerz oder seine Sorgen. Er ergibt sich dem Rad des Lebens und versucht, seine Bewegung zu beobachten und zu verstehen. Dadurch gewinnt er eine übergeordnete Perspektive. Er wird bewußt, wissend und weise.

Aussage

Das Glücksrad, das Lebensrad
Schicksal, Karma
Nichts ist wirklich neu
Das Auf und Ab des Lebens
Ich ergebe mich dem Rad und erkenne mein Schicksal

Mantra

»Ich ergebe mich dem Schwung des Lebens«

Englisch: Wheel of Fortune
Französisch: La Roue de Fortune
Italienisch: La Ruota Della Fortuna

Weitere Bezeichnungen: Rad des Schicksals (Waite), Glück (Crowley)

Die fünfte Polarität

INNEN   AUSSEN
DER EREMIT   DAS GLÜCKSRAD

Auf der Ebene der fünften Polarität steht der Mensch vor einer wichtigen Frage: Soll er sich dem Rad des Glücks ergeben, oder soll er aus diesem Rad aussteigen und ganz allein seinen eigenen Weg gehen. Das Rad des Glücks symbolisiert Energien, die aus dem Zusammensein mit anderen Menschen entstehen; es sind die Reize der äußeren Welt. Der Eremit verkörpert die Einsamkeit, die Wüste, die Spitze eines Berges, Ruhe und Stille – letztlich eine innere, vergeistigte Welt.
Der Mensch bewegt sich zwischen beiden Polaritäten. Manchmal sucht er die Stille, und dann wieder wird er angelockt vom Sog des Glücks.
Folgt er nur der Einsamkeit, verliert er den Bezug zum Leben. Reizt ihn nur das Rad des Glücks, verspielt er die Kraft seiner Seele.
Er braucht die richtige Balance zwischen äußerem und innerem Glück.

Anmerkungen zu den Karten IX und X

Der Eremit im Famira-Tarot

Diese Darstellung ist mit der Version von Waite nahezu identisch.

Der Eremit im Waite-Tarot

Es ist die Karte der Vollendung. Der Mensch findet zu sich und erkennt das Göttliche (den Stern), das schon immer in ihm war.

Der Eremit im Crowley-Tarot

Während der Eremit in einem dunklen Rot erstrahlt, wird seine Umwelt grau. Das ist ein Zeichen, daß nur noch die eigene Person wichtig ist. Der dreiköpfige Höllenhund ist Zerberus. Er verkörpert die Schatten, denen der Eremit auf seiner Reise zur eigenen Mitte begegnet.

Farbgebung der Karte IX

Wer tief in sich selbst hineinspürt, entdeckt selbst die richtigen Farbtöne für dieses Bild. Sicher ist die Gestalt des Eremiten eher in einem dunklen Ton zu halten, aber das Licht kann in allen Farben erstrahlen, wobei auch Rot als symbolischer Ausdruck für geistige Kraft und Gelb als Farbe der Klarheit zum Tragen kommen sollte.

Das Glücksrad im Famira-Tarot

Famira wählt eine einfache Darstellung des Glücksrades völlig ohne Symbole. Die Hand des Schicksals dreht das Rad, an das sich drei Menschen klammern.

Das Glücksrad (Rad des Schicksals) im Waite-Tarot

Umrahmt von den Symbolen der vier Cherubim (Stier, Löwe, Adler und Engel) oder Elemente (Erde, Feuer, Wasser und Luft) befindet sich das Rad. Oben befindet sich die Sphinx, links die Schlange, rechts ein Dämon, beide ägyptischen Ursprungs mit ähnlicher Bedeutung wie bei Crowley.

Das Glücksrad (Glück) im Crowley-Tarot

Innerhalb zuckender Blitze dreht sich das Glücksrad. Es wird umrahmt von ägyptischen Gottheiten: Oben sitzt die Sphinx mit dem Schwert der Klarheit. Links ist ein Affe, der Flexibilität symbolisiert. Rechts unten ist ein Krokodil, Symbol für die Schöpferkraft.

Farbgebung der Karte X

Das Glücksrad verkörpert das Leben selbst. Es sind daher beim Ausmalen der Famira-Karte alle denkbaren Farbabstimmungen möglich.

XI Die Gerechtigkeit

Die Gerechtigkeit

Karte XI

Einstimmung

In mir ist ein tiefes Wissen über Recht und Unrecht. Die Stimme meines Herzens ist nicht immer klar und deutlich zu vernehmen. Ich muß in mich hineinhören, mich in meine eigene Seele hineinspüren.

Mein Herz zittert, wenn Unrecht geschieht, und es ist voll Mut und Entschlossenheit, wenn ich eine gerechte Sache vertrete.

Ich fühle mich schwer, wenn ich Schuld auf mich lade, und atme erleichtert auf, wenn ich davon befreit bin.

In mir ist ein tiefes Wissen über Gerechtigkeit.

Die Bedeutung

Nichts wird so mit Füßen getreten wie die Gerechtigkeit. In ihrem Namen wird gemordet, gefoltert und unterdrückt.

Für einen bewußten und empfindsamen Menschen ist es nahezu unmöglich, an menschliche Gerechtigkeit zu glauben. Das Leben erscheint grausam und ungerecht: Der eine lebt im Überfluß, und der andere darbt neben dessen Türe. Immer wieder begraben Menschen ihren Gott, weil sie an der Ungerechtigkeit des Lebens verzweifeln.

Im Tarot wird die Gerechtigkeit von einer Frau dargestellt. Sie ist wieder eine Verkörperung der Hohenpriesterin (Karte II), die sich auf ihre innere Stimme, auf ihr Gefühl verlassen kann. Hier trägt sie ein Schwert. Im Tarot ist das Schwert ein Zeichen für geistige Kraft. Das bedeutet, daß die Gerechtigkeit nicht nur gütig, sondern auch klar und entschieden ist.

Die Gerechtigkeit hat die Ziffer XI, damit stehen links und rechts von ihr genau gleich viele Karten (I bis X und XII bis XXI), da der Narr mit der Zahl 0 numerisch nicht ins Gewicht fällt. Die Gerechtigkeit hat ihren Platz in der Mitte und sieht über das ganze Lebensspiel hinweg. Sie sieht die Karte I und die Karte XXI, den Teufel und die Liebenden, den Tod und die Auferstehung. Sie bevorzugt keine Karte — sie ist neutral. Aus dieser Position trifft die Gerechtigkeit ihre Entscheidung. Der Mensch, der gefangen ist in der Dynamik des Augenblicks, muß sich ihrem Spruch ergeben.

Das, was ist, ist!

Im Lichte der Karte der Gerechtigkeit richtet der Mensch seine Aufmerksamkeit nach innen. Er vernimmt die Schwingungen seines Herzens und urteilt mit dem Schwert der Wahrheit. Er trifft seine Entscheidungen nicht aus der Laune des Augenblicks, sondern ist neutral, prüft, wägt ab und fällt erst dann seine Entscheidung und sein Urteil.

Die Aussage

Die absolute Gerechtigkeit
Das, was ist, ist!
Das Gewissen, die innere Stimme
Intelligenz des Herzens
Neutralität

Mantra

»Ich kann mich auf meine innere Stimme verlassen«

Englisch: Justice
Französisch: La Justice
Italienisch: La Giustizia

Weitere Bezeichnungen: Ausgleichung (bei Crowley)

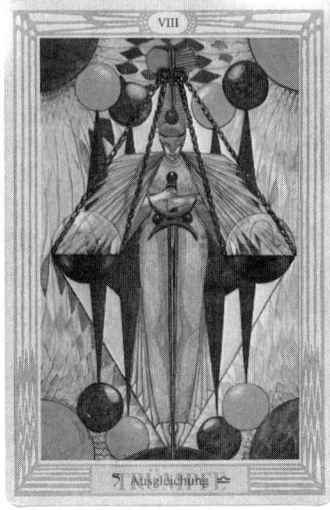

Anmerkungen zur Karte XI (bei Crowley VIII)

Die Karte Gerechtigkeit hat keine Gegenkarte. Sie steht in der Mitte und verbindet die übrigen Karten. Man könnte ihr höchstens den Narren (Karte 0) gegenüberstellen. Denn der Narr steht jenseits von Gut und Böse. Auch Crowley erwähnt in seiner Beschreibung der Tarotkarten eine enge Beziehung zwischen der Gerechtigkeit, die bei ihm die Zahl VIII besitzt, und dem Narren.

Die Gerechtigkeit im Famira-Tarot

Die Gerechtigkeit bei Famira hat verbundene Augen, ein Zeichen, daß sie unterschiedslos urteilt und ihrer inneren Stimme folgt.

Die Gerechtigkeit im Waite-Tarot

Für Waite verkörpert die Frau nicht eine moralische, sondern die spirituelle Gerechtigkeit, die sich dem normalen menschlichen Begreifen entzieht. Die Farbe Rot des langen Mantels verrät, daß die Gerechtigkeit von der Kraft der Weisheit geführt wird, aber auch über aktive Feuerenergien verfügt.

Die Gerechtigkeit im Crowley-Tarot

Bei Crowley heißt die Gerechtigkeit Ausgleichung und hat die Nummer VIII an Stelle der Nummer XI. Das entspricht auch zumindest der Tradition der französischen Tarotkarten. Auch beim Tarot von Gebelin, von Papus und dem Tarot de Marseille hat die Gerechtigkeit die Zahl VIII. Trotzdem finde ich die Zahl XI für die Gerechtigkeit stimmiger. Denn dann steht sie, wie bereits erwähnt, ganz genau in der Mitte. Außerdem stehen die Karten VII, der Siegeswagen, und die Karte VIII, die Kraft, in einem polaren Verhältnis zueinander und ergänzen sich. Letztendlich sollte man der numerischen Zuordnung aber keinen allzugroßen Wert beimessen.

Crowleys Ausgleichung zeigt eine Figur, deren Schultern mit den Federn der ägyptischen Göttin der Gerechtigkeit, Maar, geschmückt sind. Auf dem Kopf trägt sie die Krone des ägyptischen Gottes Thoth. An dieser Krone hängen die großen Waagschalen, die genau im Gleichgewicht sind. Die ganze Figur steht auf ihren Fußspitzen und zugleich auf der Spitze des Schwertes, ein Zeichen für ihre äußerste Balance und Konzentration. Crowley vermeidet das Wort Gerechtigkeit, da dieses Wort seiner Meinung nach zu sehr mit moralischen und ethischen Vorurteilen belastet ist.

Farbgebung der Karte XI (bei Crowley VIII)

Während die Karte Ausgleich bei Crowley vor allem Blau- und Grüntöne aufweist, trägt die Gerechtigkeit bei Waite ein tiefrotes Gewand. Bei der Gestaltung der Karte Famiras kann man zwischen blauen und roten Farbtönen wählen. Überwiegt Blau, dann vertritt die Gerechtigkeit eher ein aufnehmendes und innerliches Prinzip; die Gerechtigkeit wird eher empfangen. Überwiegt Rot, dann verkündet die Gerechtigkeit eher das aktive, feurige, nach außen gerichtete Prinzip; sie vertritt ihre Ansichten in der Außenwelt.

XII Der Hängende

Der Hängende

Karte XII

Einstimmung

Ich habe mich ergeben.
Wie ein Blatt treibe ich im Wind. Jetzt erkenne ich, wie sinnlos all meine Anstrengungen waren, die Situation zu verändern. Ich schaukle im Wind und betrachte die Welt aus ganz neuen Augen. Mein verzweifelter Kampf, mein ganzer Schmerz hat sich verwandelt und gibt mir neue innere Kraft.

Bedeutung

Im Licht der Karte des Hängenden erfährt sich der Mensch in einem Zustand äußerster Hilflosigkeit. Er hat alles versucht, sich zu befreien, seine Lage zu verändern, sein angestrebtes Ziel zu erreichen, seinen Willen zu erfüllen — jetzt erkennt er die Ausweglosigkeit. Er muß sich ergeben.

In seiner Hingabe an die unumstößliche Situation geschieht eine wundervolle Verwandlung.

Er sieht seine Lage aus einer neuen Perspektive, in der sich alles umdreht — die Welt steht auf dem Kopf. Was bisher unten war, ist oben, und was niedrig war, wird hoch. Aus Verzweiflung wächst Freude, und die Energie, die aufgebracht wurde, um sich zu befreien, kehrt sich um, erhöht den Menschen, erleuchtet ihn.

»Kopfunter sieht die Welt ganz anders aus«, schrieb der bekannte amerikanische Therapeut Sheldon B. Kopp, nachdem er schwer erkrankt war. Zorbas, der Grieche, tanzt gerade dann, wenn alles zusammengebrochen ist. Er tanzt, wo andere verzweifelt sind.

Oft haben sich Menschen ganz bewußt in eine ausweglose Situation begeben, um diese Umkehrung zu erfahren: Sie saßen auf hohen Säulen, der Sonne und Kälte ausgesetzt. Sie gingen zu den entferntesten Stellen der Erde, gepeinigt von Wildnis und Hunger. Sie lebten hinter dicken Klostermauern, nur mit sich und ihrer Sehnsucht nach Verwandlung. Von manchen Indianerstämmen ist bekannt, daß der Knabe, der zum Mann und Krieger werden wollte, tagelang an scharfen Haken an einen Baum gehängt worden war. Eine alte isländische

Sage erzählt, daß der Gott Odin sich selbst neun volle Nächte an einen Baum hängte, um seine eigentliche Herkunft zu erfahren. Im Licht der Karte des Hängenden ergibt sich der Mensch seiner ausweglosen Lage. Er erfährt die Umkehrung seiner bisherigen Situation. Er empfängt neue Einsichten und Kraft.

Aussage

Prüfung, Demut, Gehorsam
Hingabe an den Lebensfluß
Ich bin festgefahren, gescheitert
Ich begegne einer ausweglosen Situation
Weitere Anstrengungen sind sinnlos
Ich ergebe mich
Ich entdecke die umgekehrten Möglichkeiten meiner Lage

Mantra

»Even with chains on my feet, I can dance« (»sogar mit Fußketten kann ich tanzen«)

Englisch: The Hanged Man
Französisch: Le Pendu
Italienisch: L'Appeso

Weitere Bezeichnungen: Der Gehängte (bei Crowley und Waite)

Der GEHÄNGTE

Der Gehängte

XIII Der Tod

Der Tod

Karte XIII

Einstimmung

Der Tod ist überall.
Jede Sekunde kann mich seine schwarze Gestalt erreichen.
Überall kann mir sein bleiches Grinsen begegnen.
Schon jetzt kann seine blanke Sichel zum Schwung ausholen, um mich zu treffen.
Mein Leben bewegt sich fortwährend auf ihn zu. Jeder Augenblick bringt mich ihm näher.
Der Tod wartet auf mich, ich kann ihm nicht entkommen.

Bedeutung

Der Mensch fürchtet den Tod, weil er mächtiger ist als er. In seiner Angst und Ohnmacht gibt er dem Tod eine schreckliche Gestalt: Als Gerippe, eingehüllt in einen schwarzen Mantel, ist er der grausame Vollender, der das Leben jeden Augenblick vernichten kann.

Der Tod verunsichert den Menschen aufs tiefste. Nichts ist vor ihm sicher. Er nimmt die Geliebte und holt das Kind. Er vernichtet grundlos in endlosen Kriegen, und er tötet mitten im herrlichsten Frieden. Der Tod ist unberechenbar, niemand weiß seine Stunde.

In seiner Angst vergißt der Mensch, daß das Leben ständig begleitet wird vom Tod, daß sich Leben nur erfüllt, wenn Sterben geschieht.

Das Blatt am Baum tanzt im Herbst in den Tod. Und doch wächst im Frühling neues Leben, als gäbe es keine Vergänglichkeit. Alles Lebendige ist in ständigem Wandel, und jede Verwandlung bedeutet den Tod einer alten Gestalt. Das Neue ist nur möglich, wenn das Alte vergeht.

Wer den Tod fürchtet oder verdrängt, wacht ängstlich über sein Leben. Aus Angst vor dem Tod gibt er seinem Leben die Ruhe eines Friedhofes und sucht sich mit tausend Sicherheiten zu schützen. Aber der Tod gibt dem Leben erst den Schwung. Er ist es, der es erst lebendig macht. In manchen Kulturen wird der Tod eines Menschen ekstatisch gefeiert. Voll Freude zelebriert man die große Veränderung, die dem Verstorbenen geschehen ist.

Im Lichte der Karte des Todes wird der Mensch daran erinnert, daß nichts und niemand von Dauer ist, daß alles nur einen Herzschlag lang besteht. Er erfährt, daß der Tod der ewige Begleiter des Lebens ist und erkennt, daß seine Einstellung zum Leben nur ein Spiegelbild seiner Einstellung zum Tod ist.

Aussage

Der Tod, das Absolute und Unabänderliche
Verlust und Hoffnungslosigkeit
Auflösung und Verwandlung
Der Tod als Begleiter des Lebens
So leben, als wäre es der letzte Augenblick

Mantra

»Ich sterbe, also lebe ich«

Englisch: The Death
Französisch: La Mort
Italienisch: La Morte

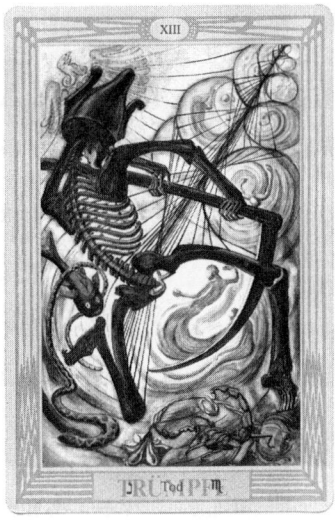

Die sechste Polarität

INNERE TRANSFORMATION ÄUSSERE TRANSFORMATION
DER HÄNGENDE DER TOD

Die Karten XII und XIII künden von Veränderung, Wandlung, Tod und Transformation. Auf der Karte des Hängenden ergibt sich der Mensch kraft innerer Einsicht. Er läßt los und folgt dem Strom des Lebens. Auf der Karte des Todes erfährt er einen gewaltsamen Schnitt. Er wird getrennt, muß loslassen, erfährt eine Kraft außerhalb sich selbst. Die Bereitschaft zu innerer Wandlung (der Hängende) ist Voraussetzung für die äußere. Erst wenn der Mensch in seinem Geist die Fähigkeit hat, durch Sich-Ergeben seine Wahrnehmung umzupolen, kann er dem Tod begegnen und sieht ihn nicht mehr nur als das schreckliche Ende. Dann wird aus Tod Leben, aus dem Ende ein neuer Anfang und aus Trennung entsteht Verbindung. Der Tod wird das Tor für eine (Wieder-)Geburt. Umgekehrt ist es das Wissen um den Tod, das den Menschen dazu veranlaßt, wie der Hängende loszulassen. Der Tod zwingt den Menschen zur Nachgiebigkeit.

Anmerkungen zu den Karten XII und XIII

Der Hängende im Famira-Tarot

Wie bei Waite und Crowley hat auch Famiras Figur ein Bein eigenartig verschränkt. Es ergibt sich dadurch die Form eines Kreuzes, ein weiterer Hinweis für die demütige, sich ergebende Einstellung des Hängenden.

Der Hängende (Gehängte) im Waite-Tarot

Waite verweist besonders auf den grünenden Balken, an dem der Mann kopfunter hängt. Zusammen mit dem leuchtenden Strahlenkranz steht die Karte des Gehängten für ihn in einem engen Zusammenhang mit Tod und Wiedergeburt.

Der Hängende (Gehängte) im Crowley-Tarot

Die Person bei Crowley ist an Händen und Füßen angenagelt, was den Eindruck der Starre und Unveränderlichkeit noch verstärkt. Die Schlangen symbolisieren Tod und neues Leben. Crowley sieht in der Karte des Gehängten keine Opferhaltung, sondern die höchste Form der Ekstase, z. B. zweier Menschen in der Liebe.

Farbgebung der Karte XII

Der Gehängte bei Crowley ist in wasserblauen, kühlen Blautönen gehalten. Blau als Farbe des Glaubens, der Liebe und Hingabe ist ein sehr wichtiger Farbton für diese Karte. Der Gehängte von Waite trägt das Blau an seinem Hemd. Seine Beinkleider aber sind tief rot. Das ist sowohl ein Hinweis darauf, daß der Mann nicht leidend oder gar tot, sondern äußerst lebendig ist. Rot ist darüber hinaus die spirituelle Farbe für Weisheit.

Der Tod im Famira-Tarot

Hier ist der Tod wie bei Crowley wieder der grausame Knochenmann, der die Sense schwingt. Der Betrachter erschrickt, und wird so unmittelbar mit dem Thema der Vergänglichkeit konfrontiert.

Der Tod im Waite-Tarot

Waite greift zum Bild der apokalyptischen Vision. Der geheimnisvolle Ritter trägt das Banner der Mystischen Rose. Am Horizont strahlt die Sonne der Unsterblichkeit. Für Waite ist in diesem Bild der ganze Aufstieg in der geistigen Welt verborgen.

Der Tod im Crowley-Tarot

Die beeindruckende Karte des Todes bei Crowley zeigt die verschiedenen Stadien der Transformation. Unten sind Skorpion und Schlange, darüber ein hellblauer menschlicher Körper, der sich anschickt, sich zu erheben. Links oben ist der weiße Adler, der sich in die Lüfte erhebt. Der Tod selbst wirkt ungeheuer dynamisch und ist doch zugleich wie eine Marionette an dünne Fäden aufgehängt.

Farbgebung der Karte XIII

Waite und Crowley wählen dunkle Farben, aber auch blaue und violette Töne (Glaube, Hoffnung). Bei Waite erstrahlt der Bischof und die Sonne in einem hellen Gelb, als Zeichen des neuen Tages (der Wiedergeburt) nach der Nacht (dem Tod). Beim Ausmalen der Famira-Karte sollte man sich ganz von den eigenen Gefühlen zum Thema Tod leiten lassen.

Vergänglichkeit, Angst und Trauer sollten jedoch nicht durch nur fröhliche und helle Farben zu einer Nebensache werden.

XIV Das Rechte Maß

Das rechte Maß

Karte XIV

Einstimmung

Ich lebe aus meiner Mitte heraus.
Was ich denke, empfinde und tue, ist
abgewogen und stimmig.
Ich vertrete eine Meinung, aber ich
bin nicht starrsinnig.
Ich bin empfindsam, aber nicht emp-
findlich.
Ich bin offen für neue Erfahrungen,
aber verliere mich nicht darin.
Ich habe meine Mitte gefunden und
lebe nach dem rechten Maß.

Bedeutung

Alle Teile der Existenz sind im rechten Maß aufeinander bezogen. Dem
kalten Winter folgt der warme Sommer, und der Tag steht im rechten
Verhältnis zur Nacht.

Wasser und Erde, Licht und Schatten, die Zeit der blühenden Lilien
und die Zeit der sterbenden Blätter – alles ist ausgewogen und har-
monisch.

Die großen Geister aller Zeiten versuchten diese Harmonie nachzu-
empfinden. Sie bauten Pyramiden und gewaltige Kirchen, sie forschten
nach den Sternen und in der Natur. Sie suchten die Harmonie im Licht
der Farben und im Klang der Musik.

Auch in der Natur des Menschen herrscht Ausgewogenheit. Wer dieses ausgleichende Prinzip nicht beachtet, vergeudet seine Lebensenergie. Ein Körper, der sich nicht erfrischt, verzehrt sich selbst. Gedanken,
die nicht zur Ruhe kommen, werden eng oder stumpf. Wer nur seine
männliche Seite zeigt, wird gefühllos und grob. Wer nur seine weibliche
Seite lebt, ist überempfindlich und ohne Energie.

Der Engel des rechten Maßes steht mit einem Fuß im Wasser, mit
dem anderen auf der Erde und besitzt Flügel. Er ist offen und fest. Er
verliert sich weder im Schwung seiner Taten noch in der Tiefe seines
Gefühls. Er erfüllt sein Leben in harmonischem Wechsel. Er ist wie das
Wasser, das in den Kelchen immer wieder seine Form findet, sich sammelt und sich verströmt, in Ruhe ist und in Bewegung, die eine Seite
füllt und auch die andere.

Im Lichte der Karte des rechten Maßes gestaltet der Mensch sein Leben aus dem Gefühl der Mitte heraus. Er wird zum Lebenskünstler, zum Jongleur seiner eigenen Existenz. Er achtet dabei darauf, die Balance nicht zu verlieren und den Bogen nicht zu überspannen, damit nichts vergeudet wird von seiner lebendigen Kraft.

Aussage

Das rechte Maß, Harmonie und Ausgewogenheit
Bewußte Lebensgestaltung
Flexibilität und Geschicklichkeit
Das Gefühl der Balance und der Mitte

Mantra

»Ich lebe aus meiner Mitte heraus«

Englisch: Temperance
Französisch: La Temperance
Italienisch: L'Intemperanca

Weitere Bezeichnungen: Mäßigkeit (Waite), Kunst (Crowley)

XV Der Teufel

Der Teufel

Karte XV

Einstimmung

Ich bin wie besessen.

Ich kann nichts anderes mehr denken, mobilisiere sämtliche Energien, und obgleich ich elend und erschöpft bin, findet meine wilde Sehnsucht keine Ruhe.

Ich habe meine Mitte verloren – ich bin außer mir.

Bedeutung

Der Teufel ist der Schatten der göttlichen Seele. Er wird in der Dualität unseres begrifflichen Denkens geboren. Die Seele ist leicht, sucht das Licht und die Auflösung. Der Teufel bindet, ist schwer und verkörpert das Gesetz der Trägheit.

Die Menschen aller Zeiten haben ihn zum Widersacher des Erhabenen, Guten und Wertvollen gemacht und gaben ihm verschiedene Namen: Teufel, Antichrist, Satan, Mephisto, Verführung, das Böse, Schlange, Luzifer.

Der Mensch kommt unter den Einfluß des Teufels, wenn er seine Mitte verliert. Dann wird er extrem, maßlos, stur, gewalttätig und gierig.

Aber der Teufel ist nicht nur das Böse. Er kommt mit der Kraft der Verführung, um uns aus festgefahrenen Bahnen zu reißen. Er ist die Faszination des anderen Geschlechtes, der Sog der Liebe und besonders der Sexualität. Er ist die Neugierde, die uns immer wieder mit dem Leben experimentieren läßt. Er ist die Besessenheit, die manchmal einen Künstler überkommt, bis sein Werk vollendet ist. So betrachtet ist der Teufel in Wirklichkeit auch ein Motor der Freiheit, und es ist schwierig zu entscheiden, wo die kompromißlose Suche des Menschen endet und wo das Böse, der Fluch beginnt.

Auf vielen Karten sind Mann und Frau an den Teufel gekettet. Die Quersumme der Karte XV, dem Teufel, ergibt die Zahl sechs $(5+1)$, ein Hinweis auf die Karte der Liebenden.

In der Liebe wird der Mensch ganz. Er erfährt aber auch, daß er ohne den Geliebten, ohne die Geliebte unvollständiger ist als je zuvor. Die Liebenden werden abhängig und quälen sich aus diesem Gefühl heraus gegenseitig. In dieser Situation ist es sinnlos, gegen die Abhängigkeit zu kämpfen. Diese Energie verstärkt nur den Zug der Ketten. Der Ausweg liegt im bewußten Erkennen. Wenn der Mensch genau ansieht, was ihn bindet, fallen die Ketten des Teufels, und er wird frei.

Aussage

Der Teufel, Egoismus und Verblendung
Hörigkeit, Besessenheit, Eifersucht, Neid, Abhängigkeit
Extremität, Sexualität, Neugierde, Freiheit

Mantra

»Ich kann experimentieren, ohne mich zu verlieren«

Englisch: The Devil
Französisch: Le Diable
Italienisch: Il Diavolo

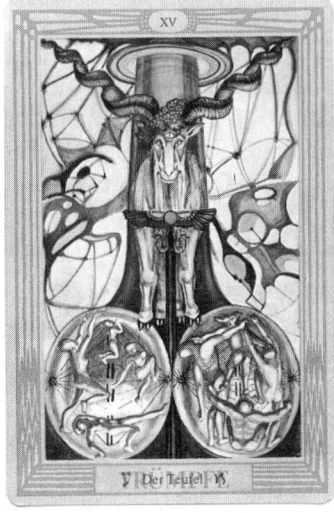

Die siebte Polarität

MASSLOSIGKEIT	MÄSSIGKEIT
DER TEUFEL	DAS RECHTE MASS

Auf den Karten XIV und XV stehen sich Engel und Teufel gegenüber. Im Lichte dieser Polarität verliert der Teufel das Stigma des absolut Bösen. Er wird zum Motor der Freiheit und des Fortschritts, der eingefahrene Wege, Routine und Stagnation sprengt.

In vielen Tarotbüchern kommt dieser Aspekt viel zu kurz. Der Teufel wird nur als Widersacher gedeutet, der den Menschen auf seinem Weg zur persönlichen Vollendung vom rechten Weg abbringen kann.

Aber der Teufel ist nur die andere Seite des Engels. Unser Denken, welches verdinglicht und nicht dialektisch ist, vergißt, daß ohne Teufel auch der Engel nicht existiert. Der Mensch kann seine Mitte nur finden, wenn er sich auch in extreme Positionen wagt. Ohne Teufel, den Schatten des Engels, wird das Leben unecht und künstlich; es fehlt ihm eine elementare Kraft.

Anmerkungen zu den Karten XIV und XV

Das rechte Maß im Famira-Tarot

Die Version von Famira ist wieder sehr einfach, um das Wesentliche herauszuheben. Auf der Brust ist ein Auge, als Zeichen der Mitte und der inneren Wachsamkeit.

Das rechte Maß (Mäßigkeit) im Waite-Tarot

Auch hier geht es um Vereinigung und Balance. Auf der Stirne trägt der Engel das Zeichen der Sonne, auf der Brust sind ein Quadrat und ein Dreieck, Zeichen der Siebenheit als heilige Zahl. Im Hintergrund ist eine strahlende Krone, Symbol des ewigen Lebens.

Das rechte Maß (Kunst) im Crowley-Tarot

Crowley nennt die Karte XIV Kunst. Es handelt sich um die Kunst der Alchimisten, die Verschmelzung der Gegensätze, wie Feuer und Wasser, Löwe und Adler, suchten. »Visita Interiora Terrae Rectificando Invenies Occultum Lapidem.« (»Suche die inneren Bereiche der Erde auf; durch Reinigung wirst du den verborgenen Stein finden.«) Dieser Satz verweist auf die Suche nach dem Stein der Weisen, von der jeder Alchimist einen anderen Weg kannte.

Farbgebung der Karte XIV

Crowley wählt sämtliche möglichen Farben außer Schwarz. Für ihn ist Grün als Farbe der Kreativität sehr wichtig für die Karte XIV. Waite läßt seinen Engel weiß, er besitzt jedoch rote Flügel. Für das Famira-Kartendeck kann man sich sowohl Anregungen von Crowley als auch von Waite holen. Wichtig ist, daß die beiden Kelche und der Wasserstrom zwischen ihnen deutlich zu erkennen sind.

Der Teufel im Famira-Tarot

Der Kopf des Ziegenbocks ist wie bei Waite mit einem Pentagramm ausgestattet. Die Spitze des Fünfsterns zeigt nach unten, ein Zeichen für die dunkle Macht, die von dem Teufel ausgeht. Die emporgestreckten, angeketteten Hände sind ein Zeichen der selbstverschuldeten Ohnmacht.

Der Teufel im Waite-Tarot

Waite sieht den Teufel als Gegenspieler und Schatten der Liebe. (15 = 1 + 5 = 6: Die Liebenden). Mann und Frau stehen genauso da wie auf der Karte der Liebenden. Aber sie sind dem Teufel (ihrer Abhängigkeit) ausgeliefert. Es ist ein Hinweis auf Adam und Eva nach dem Sündenfall.

Der Teufel im Crowley-Tarot

Der Steinbock (als höchstes astrologisches Zeichen) ist zugleich der Gott Pan, der Allesbejahende. Der erigierte, männliche Penis verbindet Erde und Himmel. Die Karte XV ist ein Bild, das der orgiastischen Vorstellungswelt des Meisters und Magiers Crowley aufs tiefste entspricht.

Farbgebung der Karte XV

Während der Teufel bei Waite nur in Braun- und Schwarztönen gehalten ist, benützt Crowley auch hellere Farben. Bevor man die Karte XV im Famira-Tarot ausmalt, sollte man lange in sich hineinspüren, welche Farben das Wort ›Teufel‹ im Inneren wachruft.

XVI Die Zerstörung

Die Zerstörung

Karte XVI

Einstimmung

Der Blitz trifft mich aus heiterem Himmel.

Mein Bewußtsein braucht einige Sekunden, um zu verstehen. Eben noch war ich sicher, getragen von einem erhabenen Gefühl, jetzt ist es, als würde ich fallen. Meine Muskeln verkrampfen sich, mein Atem stockt, und das dumpfe Pochen meines Herzens wird zum dröhnenden Beben der Zerstörung.

Ich falle!

Ich suche nach einem Halt. Vielleicht ist es nur ein böser Traum, der rasch vorübergeht? Sicher gibt es einen Ausweg, den ich nur noch nicht erkenne!

Aber meine Gedanken greifen ins Leere. In meinem Inneren wächst die Angst.

Ich bin verloren!

Bedeutung

Die Zerstörung ist die Kraft, die den Menschen immer wieder hinauswirft aus einem Gefühl der Erhabenheit, Sicherheit und Zufriedenheit. Diese Kraft hat viele Gesichter: Verlust, Trennung, Niederlage, Enttäuschung, Mißerfolg, Krankheit, Tod. In diesem Zustand suchen die Gedanken verzweifelt nach einem Ausweg, erfinden Lügen oder wenigstens tröstende Erklärungen und verstricken sich nur immer tiefer im Irrgarten der Angst.

Der einzige Ausweg liegt im ›Sich-Ergeben‹.

Erst wenn man losläßt, sich wirklich fallen läßt, die Furcht erlebt, beginnt man, den Sinn der Zerstörung zu ahnen: Es ist die Vertreibung aus dem selbsterschaffenen Paradies. Der Mensch hat sich eine Festung erbaut mit dicken Mauern und Türmen, um sich zu schützen und um sich herauszuheben. Vielleicht, um Schmerz und Angst zu vermeiden. Man erzählt von einem König, der aus Angst vor dem Tod alle Fenster und Türen in seinem Schloß zumauern ließ und dann in seiner Festung erstickte.

Der Blitz der Zerstörung trifft nur das Ego, das hinter dicken Mauern Schutz vor der ganzen Wirklichkeit sucht. Der Blitzschlag bringt den Menschen zurück auf den Boden.

Die Karte der Zerstörung erscheint oft als Mahnung, das Leben zu überprüfen und die Türen der eigenen Festung zu öffnen, bevor die Zerstörung wirklich hereinbricht − plötzlich und unerwartet.

Aussage

Das selbsterschaffene Paradies wird zerstört
Enttäuschung, Verlust, Niederlage
Hochmut und Fall
Das Ego zerbricht
Die Prüfung, der Einbruch der Wirklichkeit
Aufforderung, das Leben zu überprüfen

Mantra

»Ich bin offen und kann auch meine Schwächen zeigen«

Englisch: The Tower
Französisch: La Maison Dieu
Italienisch: La Torre

Weitere Bezeichnungen: Der Turm (bei Crowley, Waite)

XVII Die Sterne

Die Sterne

Karte XVII

Einstimmung

Ich bin voller Sehnsucht.

Vielleicht liege ich in einer Wiese unter freiem Himmel und betrachte das unendliche Blau über mir. Oder ich sitze hoch auf einem Berg und überschaue grenzenloses Land. Ich fühle mich leicht wie der Wind, der mich streift und denke an den schwerelosen Flug des Adlers. Eine tiefe Sehnsucht überkommt mich.

Wenn ich Flügel hätte – ich würde fliegen – weit, weit in die Unendlichkeit.

Bedeutung

Die Sternenfrau ist ein Sinnbild für die höchste Hingabe des Menschen. Er kennt sie als die Wonne, die manchmal im Orgasmus erlebt wird. Er erfährt sie als erfüllte Stille in tiefer Meditation. Er kann sie empfinden, wenn er in einer klaren Sternennacht in die Ewigkeit schaut.

Diese Sehnsucht packt den Menschen und läßt ihn nicht mehr los, treibt ihn immer weiter auf seiner Suche nach Befreiung, Ekstase und Erlösung.

Menschen aller Zeiten sahen darin ein Zeichen ihres göttlichen Ursprungs. Der Mensch sehnt sich zurück in den Schoß der Schöpfung, aus dem er in die Welt geboren wurde. Er sucht das Nirwana, die völlige, selige Ruhe.

Auf der Karte gießt eine Frau Wasser aus zwei Krügen über See und Land. Sie befindet sich in einer paradiesischen Umgebung und ist selbst eine Gestaltung aus einer herrlichen Welt. Sie besitzt das Wasser des Lebens im Überfluß, sie kann sich verströmen.

Der eine Krug vergießt seinen Inhalt in den See. Wasser verbindet sich mit Wasser, vermischt sich, wird zum See. Genauso findet die menschliche Seele ihre Bestimmung, wird eins mit der Unendlichkeit. Der andere Krug ergießt sich über die Erde, macht sie fruchtbar, erfüllt eine irdische Bestimmung. Aber auch sein Ziel ist die Auflösung. Das Wasser sickert in die Erde, verwandelt sich in Energie, gestaltet sich in Blumen und Bäumen... und vergeht irgendwann im Äther.

Alles ist im Wandel, gestaltet sich und drängt aus der Form, sehnt sich nach den Sternen, nach Auflösung und Verschmelzung.
Die Seele ist immer ein Teil der Ewigkeit.

Aussage

Die Sehnsucht, die Erfüllung, die Hoffnung, die Erleuchtung, Nirwana
Der Gedanke der Ewigkeit
Das Bild vom göttlichen Ursprung und Ziel des Menschen

Mantra

»Ich bin der Wassertropfen und der See«

Englisch: The Stars
Französisch: L'Etoile
Italienisch: Le Stelle

Weitere Bezeichnungen: Der Stern (bei Crowley, Waite)

Der STERN

Der Stern

Die achte Polarität

DER FALL   DIE ERHÖHUNG
DIE ZERSTÖRUNG   DIE STERNE

Im Lichte der achten Polarität begegnet der Mensch seiner höchsten
Vollendung und seinem tiefsten Fall. Ja, er erfährt, daß beides zusammengehört und voneinander abhängig ist: Je höher der Mensch steigt,
je seliger er sich fühlt, um so heftiger ist die Ernüchterung.

Jeder Mensch, der sich auf die Suche macht, wird mit dieser schmerz-
lichen Erniedrigung konfrontiert. Vielleicht hat er in mühsamen Stunden der Meditation immer tiefere Erkenntnisse gewonnen. Oder er hat
auf seinem Weg der Selbsterkenntnis einen Gipfel erreicht. Dann, als
wäre alles vergebens gewesen, stürzt er in noch tiefere Angst. Das paradiesische Bild der Sterne lockt die Seele und das Ego an. Gerade der
geistige, mystische oder esoterische Weg macht verlockende Angebote.
So ist der Sturz immer ein Zeichen, daß der Weg nach oben, zu den
Sternen (noch?) nicht rein und vollkommen war.

Umgekehrt folgen nach tiefen Phasen der Erniedrigung immer auch
Perioden des Lichtes und der Erhöhung. Im Spiel zwischen den beiden
Karten XVI und XVII wird der Mensch geschliffen, bis er rein und
vollkommen ist.

Anmerkungen zu den Karten XVI und XVII

Die Zerstörung im Famira-Tarot

Im Famira-Tarot wird das ganze Geschehen wieder auf das Wesentliche reduziert: Im Bild des Fallens wird der Betrachter an seine eigene,
archaische Angst vor Demut und Zerstörung erinnert.

Die Zerstörung (Der Turm) im Waite-Tarot

Bei Waite wird die Krone des Turmes zerstört. Sinnbildlich ist dies der
Intellekt des Menschen, der sich in seiner eigenen Selbstgefälligkeit verloren hat. Die gelben Feuerzungen symbolisieren eine höhere Ver-
nunft.

Die Zerstörung (Der Turm) im Crowley-Tarot

Das Auge des obersten Gottes der Ägypter, Horus, überstrahlt den gewaltigen Zusammenbruch. Links verkündet eine Taube vergebende Güte, rechts wartet die alles transformierende Schlange. Für Crowley symbolisiert die Karte XVI tiefe Prozesse der Reinigung und Heilung.

Farbgebung der Karte XVI

Auf der Karte von Crowley überwiegen eindeutig die Farben Schwarz (die Leere, die Dunkelheit, das Nichts) und Rot (das Feuer). Bei Waite tragen die beiden fallenden Menschen blaue und rote Gewänder. Dies soll zeigen, daß sie sich in ihrem Glauben (blau) und in ihrem Geist (rot) verloren haben. Auch die Version der Zerstörung von Famira regt den Gebrauch der Farben Schwarz und Rot/Gelb regelrecht an.

Die Sterne im Famira-Tarot

Famiras Version ist mit der von Waite weitgehend identisch.

Die Sterne (Der Stern) im Waite-Tarot

Für Waite steht hinter der nackten Frau die große Mutter der Kabbala, die die Wahrheit unverschleiert (nackt) verkündet. Die acht Sterne (ein großer und sieben kleinere) mit den acht Strahlen sind bedeutsame Zeichen der Freimaurersymbolik.

Die Sterne (Der Stern) im Crowley-Tarot

Die Sternengöttin Nuith verbindet Himmel und Erde. Sie ist ein Symbol für die höchsten Eingebungen des Menschen.

Farbgebung der Karte XVII

Purpurne, blaue und violette Farbtöne stehen symbolisch für die große Kraft menschlicher Liebe und Güte, die der Sternenfrau zu eigen ist. Mit diesen Farben sollte man vielleicht den Hintergrund gestalten, während die Frau selbst in einem weißen oder sehr hellen Farbton am ehesten ihre Reinheit und Natürlichkeit widerspiegeln würde.

XVIII Der Mond

Der Mond

Karte XVIII

Einstimmung

Ich suche Gewißheit.

Ich habe Gedanken, Ahnungen, Visionen. Alles ist gleichermaßen wirklich und unwirklich zugleich, verfängt sich im Netz meines Intellekts und gleitet immer wieder in undurchsichtige Dunkelheit. Gefühle verdichten sich und vergehen. Ich irre wie im Nebel. Für einen Moment erkenne ich ganz klar, aber der nächste Gedanke verliert sich bereits wieder im Unbestimmten. Es ist, als wäre ich dazu bestimmt, im Unbegriffenen zu gehen, als wäre das Leben immer nur ein Traum.

Bedeutung

Im Licht des Mondes erfährt der Mensch seine tiefsten Eingebungen. Aus seinem Unbewußtsein kommen ahnungsvolle Träume und Visionen. Aber genau wie der Mond das Licht der Sonne nur widerspiegelt, so wachsen in seinem Schein Täuschungen, Illusionen und der Wahn. Der Mond beleuchtet die Nacht. Er beschenkt den Dichter und lockt dunkle Kreaturen an. Er macht hellsichtig und süchtig, inspiriert und verführt.

Die Hohepriesterin der Tarot-Karte II kann sich auf ihre innere Stimme verlassen. Sie kennt keinen Zweifel. Sie empfängt die positiven Schwingungen des Mondes. Aber der Mond hat auch eine andere Seite. Er gebiert den Wahn und die Täuschung. Er zieht das Dunkle und das Unheilvolle an. Deswegen braucht der Mensch, der sich dem Mond ergibt, die beiden Türme der Wahrheit und Klarheit. An ihnen muß alles, was der Mond anlockt, vorbei. Von dort aus kann der Mensch entscheiden, was wahr und was Wahn ist, was wirkliche Erfahrungen und was nur Schatten der Einbildung sind.

Der Mond ist daher auch ein Sinnbild für die Leichtgläubigkeit des Menschen. Wie der Krebs und der Hund von seinem silbernen Licht magnetisch angezogen werden, sucht auch die animalische Seele des Menschen nach einem Halt und folgt nur zu leicht jedem Schein.

Letztendlich spiegelt die Karte des Mondes die Situation des Menschen wider, wie er zwischen Angst und Hoffnung pendelt und immer nur den Schein, ein Abbild der Wirklichkeit, vor Augen hat. Denn vor dem tiefsten Erkennen liegt der Schleier der Nacht.

So verweist uns die Karte des Mondes auf eine Phase des Übergangs, des Zweifels und großer Inspiration. Und sie birgt den Wunsch nach der Gnade, als Mensch nicht nur seinen Instinkten zu erliegen und nur geblendet zu sein.

Aussage

Die Intuition, Vorsicht
Der Zweifel, die Unentschiedenheit
Verführung, Einbildung, Blendung
Du schöpfst aus deinem Innersten
Achte darauf, daß du die Wirklichkeit nicht verlierst
Überlasse dich deinen Ahnungen, aber treffe keine Entscheidung

Mantra

»In meinen Ahnungen und Träumen reift die Wahrheit«

Englisch: The Moon
Französisch: La Lune
Italienisch: La Luna

XIX Die Sonne

Die Sonne

Karte XIX

Einstimmung

Ich fühle mich gut.

Ich spüre wohlige Wärme, die von überall herkommt: aus der Luft, der Erde, meinem Herzen, meinem Bauch. Ich bin froh und unbeschwert und genieße sorglos den Tag.

Der Himmel ist blau, weiße Wolken treiben von nirgendwoher nirgendwohin. Auch ich habe kein Ziel und nichts ist zu tun. Die Rose wächst, die Lerche singt, der Atem strömt einfach.

Ich bin, was ich bin.

In meinem Herzen schwingt der goldene Glanz der Sonne.

Bedeutung

Die Sonne hat unendliche Kraft. Eine Kraft, die sich niemals erschöpft. Ihr Licht schenkt der Welt ihren unglaublichen Glanz. Ihre Energie macht den Menschen froh und hoffnungsvoll, ihr Feuer weckt die Leidenschaft. Mit der Sonne entstand alles Leben, und täglich neu begrüßt sie die Welt. Sie bestimmt den Wechsel von Sommer und Winter, von Tag und Nacht.

Gegenüber der großen Kraft der Sonne erfährt sich der Mensch als unschuldiges Kind, das sich dem Wechsel ihrer Energie einfach ergibt. Es lebt die Freude mit dem Tag und die Stille mit der Nacht.

Mit den Augen des Kindes wird die Welt zum wunderbaren Paradies, zum gelobten Land, in dem alles im Überfluß vorhanden ist. Sie wird zum Traum vom Schlaraffenland: Die Bäume hängen übervoll mit herrlichen Früchten, die Wiesen sind übersät mit bunten Lichtern, die Luft ist erfüllt mit Musik.

Alles erfüllt sich mit dem Lauf der Sonne: Geburt, Wachstum und Tod. Sie begrüßt die Sonnenblume am Morgen im Osten und neigt sich am Abend nach Westen. Das Blatt löst sich im Herbst vom Baum und tanzt sein Lied in den Tod.

Die Kaiserin (Karte III) trägt alles Lebendige in ihrem Schoß. Der Mensch fühlt sich sicher und geborgen. Die Sonne ist der Urvater der Existenz. Er führt und leitet den Menschen und schenkt ihm seine Lebenskraft. In der Hingabe an Sonne und Erde erfährt der Mensch Freude und Vertrauen. Er wird zum lebendigen Teil der Schöpfung.

Aussage

Freude, Zuversicht, Wärme, Kraft und Kreativität
Ich betrachte die Welt mit den Augen eines glücklichen Kindes
Ich bin erfüllt mit dem Glanz der Sonne

Mantra

»Ich bin ein Kind der Sonne«

Englisch: The Sun
Französisch: Le Soleil
Italienisch: Il Sole

Die neunte Polarität

Sonne und Mond sind Ursymbole der Seele. In allen Religionen, Philosophien und Mysterien spielen sie eine tragende Rolle. Der Mond verkörpert die Dunkelheit und alle Erscheinungen, die sie hervorbringt: Ursprung, Schwangerschaft, Geburt, Empfängnis, Eingebung, Intuition und die Angst vor der ewigen Nacht. Die Sonne bedeutet Licht, Sicherheit und Zuversicht. Alle großen Erzählungen oder Mysterienspiele sind ein Ausdruck dieser Polarität. Immer begegnen sich Finsternis und Licht, das Gute und das Böse, Gott und der Teufel. Zwar endet der ewige Kampf mit einem vorübergehenden Sieg des Lichtes − aber die Dunkelheit wird nie endgültig verbannt.

Zwischen dieser Polarität schwingt das Kind genauso wie der Weise. Aber der unbewußte Mensch erliegt dem Wechsel, er fürchtet die Dunkelheit und tanzt mit dem Licht. Der Wissende jedoch erkennt das endlose Spiel. Er weiß, daß dem Licht immer ein Schatten folgt.

Anmerkungen zu den Karten XVIII und XIX

Der Mond im Famira-Tarot

Die Version des Mondes bei Famira ist eine vereinfachte Darstellung der Karte Waites.

Der Mond im Waite-Tarot

Wieder warnen zwei Hunde den Suchenden, sich vom Lichte des Mondes (der Einbildungskraft, dem bloßen Widerschein) nicht in die Irre führen zu lassen. Der Krebs symbolisiert die niedrigsten Triebkräfte des Menschen.

Der Mond im Crowley-Tarot

Der Mond bei Crowley verkörpert das Prinzip der Versuchung und der Gefahren, die daraus resultieren. Die beiden Türme beherbergen Wächter mit Wolfsköpfen. Es sind Gestalten des ägyptischen Todesgottes Anubis. Ihnen zu Füßen sind Schakale, die aasfressenden Begleiter von Anubis. In der Mitte ist eine weibliche Vagina, als Symbol der ewigen Verführung, angedeutet. Im unteren Bild ist der heilige Käfer Scarabäus, Symbol des neugeborenen Lebens, das demjenigen winkt, der den Gefahren des Mondes (der Versuchung) nicht erliegt.

Farbgebung der Karte XVIII

Während bei Crowley dunkle Farbtöne überwiegen, überstrahlt bei Waite das Blau des Himmels und des Wassers alle anderen Farben. Hier ist Blau als spirituelle Farbe eingesetzt und steht für die Kraft des Glaubens und der Liebe, die den Menschen aus der Welt des Zweifels (des Mondes) erheben kann. Für die Farbgebung von Famiras Tarotkarte ist es beim Mond besonders wichtig, in sich einzutauchen, um aus der Versenkung heraus die richtigen Eingebungen zur Gestaltung der Karte zu erhalten.

Die Sonne im Famira-Tarot

Famira hält sich vollständig an die Darstellung Waites.

Die Sonne im Waite-Tarot

Für Waite repräsentiert das Kind den neuen Menschen, der in Übereinstimmung mit dem Göttlichen selber zu einem Licht, zu einer Sonne, wird.

Die Sonne im Crowley-Tarot

Inmitten der zwölf Tierkreiszeichen strahlt die Sonne. Auf einem grünen Berg (Grün ist bei Crowley die Farbe für Schöpfungskräfte) tanzen zwei Kinder mit Schmetterlingsflügeln, als Zeichen ihrer (geistigen) Freiheit.

Farbgebung der Karte XIX

Wie bei den Karten von Crowley und Waite sollten auch bei der Version von Famira die Farben Gelb (für Licht, Klarheit und Kommunikation), Rot (für Kraft und Weisheit) und Grün (für Kreativität und Freude) überwiegen. Das Pferd ist bei Waite weiß, kann aber auch eine andere Farbe, die sich in das harmonische Gesamtbild einfügt, erhalten.

XX Die Auferstehung

Auferstehung

Karte XX

Einstimmung

Ich fühle mich wie neu geboren.

In meinen Augen leuchtet ein frischer Glanz. Ich erhebe mich in großer Dankbarkeit. Jetzt kenne ich meine Bestimmung, und damit erhält mein Leben einen Sinn.

Vor mir sind Wege und ein Ziel.

Ich fühle mich wie neu geboren, auferstanden in einer anderen Gestalt.

Bedeutung

Im Licht der Karte der Auferstehung erfährt der Mensch einen existentiellen Neubeginn. Die Vergangenheit ist vorüber. Der Mensch streift sie ab wie eine alte Haut und erhebt sich in einer neuen, erhabenen Gestalt.

Die Idee der Auferstehung krönt viele Mythen und Religionen. Im Christentum sind es die Klänge des Himmels, welche die Seele ins Paradies rufen. In den Gräbern wurde sie von ihrer Körperhaftigkeit befreit. Losgelöst von allem Stofflichen und Schweren kann sie am Jüngsten Tag ins Paradies eingehen. In fernöstlichen Religionen reinigt das Feuer den Menschen und gibt die Seele frei für die Wiedergeburt. Im Wandel der zwölf Tierkreiszeichen erfährt alles Lebendige im Zeichen des Skorpions den Tod, reinigt sich in den Zeichen des astrologischen Winters und erlebt im Widder eine neue Geburt.

In alten Mythen heißt es, daß die Sonne während der Nacht die Täler des Todes durchstreift und neugeboren am Morgen erstrahlt.

Auferstehung bedeutet hier, daß das Leben zwischen Dunkelheit und Licht schwingt, daß sich die Seele immer wieder transformiert wie die Raupe zum Schmetterling. In dieser endlosen Transformation erfüllt sich auch die Gewißheit, daß die menschliche Seele, der Geist, das Bewußtsein, das höhere Selbst oder wie immer man es nennen will, unsterblich ist.

Die wörtliche Übersetzung von ›Judgement‹, der englischen Bezeichnung für die Karte XX, ist Urteil oder Beurteilung. Der Mensch wird festgelegt, bestimmt und erhält dadurch einen Halt, ein Ziel. Aus der psychotherapeutischen Arbeit ist bekannt, daß Menschen, die ihre Aufgabe oder ihre Bestimmung (noch) nicht kennen oder diese verloren haben, unter der Unbestimmtheit ihres Lebens leiden. Genauso gibt es Individuen, die über ein zu schwaches Wertesystem verfügen und daher haltlos sind.

Im Lichte der Karte der Auferstehung findet der Mensch die Einsicht, die ihn leitet. Er erhebt sich wie ein Phönix, der die Asche der Vergangenheit hinter sich läßt.

Aussage

Auferstehung, Bestimmung, Neubeginn, Wandlung, Halt
Die Vergangenheit ist vorüber
Eine wichtige Aufgabe, ein neuer Lebensabschnitt

Mantra

»Ich finde, was mich erlöst«

Englisch: Judgement
Französisch: Le Jugement
Italienisch: Il Giudizio

Weitere Bezeichnungen: Gericht (bei Waite), Aeon (bei Crowley)

Die Welt

Karte XXI

Einstimmung

Ich lebe in der Welt − aber ich gehöre
ihr nicht.
Ich habe keine Herkunft und keine
Zukunft.
Ich bin weder Mann noch Frau, weder
jung noch alt.
Ich kann jeden Menschen lieben und
jeden verlassen.
Nichts erfüllt mich, nur der Moment.
Wenn ich gehe, spüre ich den Wind
auf meiner Stirn.
Wenn ich sitze, fühle ich die Erde unter mir.
Wenn ich tanze, bin ich mein Körper.
Ich bin stark und voller Glückseligkeit.
Ich bin du, und gleichzeitig bin ich alles, was mich umgibt: ein Baum
oder ein Vogel, eine Wolke oder ein Stern.
Ich bin frei − grenzenlos frei.

Bedeutung

Das Ziel des Lebens ist die Befreiung von Abhängigkeit. Der Mensch
wird aus dem Leib der Mutter befreit und löst sich später von den Eltern und Lehrern. Er wird unabhängig von dem Geliebten und bewäl-
tigt seine Angst vor dem Tod. Er befreit sich vom Druck der Gesellschaft und von der ewigen Angst um sein Leben.
Der Mensch sucht die Freiheit, die Unabhängigkeit.
Dieser Weg ist nicht einfach. Er erfordert viel Mut und Kraft. Der
Mensch muß immer wieder die Konditionierungen seiner Vergangenheit abstreifen und seine Trägheit überwinden.
Im Lichte der Karte XXI erfährt der Mensch diese Befreiung. Symbolisch gleitet er durch den Kosmos, umrahmt von einem Lorbeerkranz und umringt von den ewigen Kräften der Existenz, dem Stier,
dem Löwen, dem Adler und dem Menschenengel.
Für viele Tarotmeister ist diese Karte ein Ausdruck für die Erleuchtung, für die endgültige Befreiung der Seele. In den meisten Tarotbüchern vollendet sich das Spiel des Lebens mit der Karte der Welt.

XXI Die Welt

Aber die Karte XXI meint jede Form von Befreiung. Jeder Befreiung aber folgt irgendwann eine neue Abhängigkeit. Der Mensch ist nicht endgültig erlöst im Lichte der letzten Karte. Das große Lebensspiel geht weiter. Der Geist des Tarot hält schon die nächste Karte bereit.

Aussage

Die Befreiung
Die Lösung von Abhängigkeit und Konditionierung
Selbstüberwindung und Selbstverwirklichung
Unbegrenzte Möglichkeiten
Die Freiheit

Mantra

»Ich bin frei«

Englisch: The World
Französisch: Le Monde
Italienisch: Il Mondo

Weitere Bezeichnungen: Universum (bei Crowley)

Die zehnte Polarität

BESTIMMUNG	FREIHEIT
DIE AUFERSTEHUNG	DIE WELT

Mit der letzten Polarität erfährt der Mensch seine tiefste Einweihung: Alles im Leben, die ganze Existenz pendelt zwischen Form und Formlosigkeit, zwischen Bindung und Freiheit. Auf der Karte XX erhält der Mensch eine neue Form: Er ist reich *oder* arm, groß *oder* klein, Mann *oder* Frau, Sternzeichen Jungfrau *oder* Löwe, hübsch *oder* unauffällig. Er ist das eine *oder* das andere. Diese Zuweisung schützt ihn, gibt ihm Form und Halt – aber sie legt ihn auch fest. Auf der Karte XXI ist der Mensch befreit. Er ist *weder* das eine *noch* das andere. Die Frau in der Mitte des Bildes ist gar keine Frau. Die heutigen Darstellungen verbergen diesen Aspekt. Aber aus der Logik des ganzen Tarotspieles ergibt sich diese Entpolarisierung des Geschlechtes. Das Tarot greift symbolisch zum Bild des Mannes und der Frau, um das Lebensprinzip der Polarität zu verdeutlichen. Und auf der Karte XXI löst sie sich auf, existiert nicht mehr. So offenbart das Sinnbild des Hermaphroditen die Auflösung aller Polaritäten. Der Mensch schwingt zwischen Festlegung (Karte XX) und Befreiung (XXI).

Anmerkungen zu den Karten
Die Auferstehung und Die Welt

Die Auferstehung im Famira-Tarot

Famiras Version ist eine vereinfachte Darstellung der Karte Waites. Das Auge symbolisiert die unsterbliche Kraft des Bewußtseins.

Die Auferstehung (Gericht) im Waite-Tarot

Für Waite symbolisiert die Karte das ewige Leben. Der Engel mit der Trompete ist ein Ausdruck der seelischen Vollkommenheit. Die Leiber, die aus den Gräbern auferstehen, folgen dem ewigen Ruf der Seele.

Die Auferstehung (Aeon) im Crowley-Tarot

Crowley nennt die Karte XX Aeon, was Ewigkeit bedeutet. In der Mitte befindet sich die ägyptische Sternengöttin Nuith. Um sie herum, als Feuerkugel mit Flügeln, ist Hadit, der Allwissende. Wenn beide wie auf dem Bild verschmelzen, ist tiefste Eingebung und größtes Wissen möglich. Das wird durch die Geburt des obersten Gottes der Ägypter, Horus, ausgedrückt, der in der Mitte des Bildes thront. Für Crowley ist das Gericht eine Instanz, ähnlich einem höheren Selbst, das jedem Menschen bei der Erfüllung seines Lebens und seiner Pflichten wie ein unbestechliches Gericht zur Seite steht.

Farbgebung der Karte XX

Bei Crowley wechseln die Farben von einem hellen Gelb über Rot bis in ein dunkles Blau. Bei Waite überwiegt die Farbe Blau, der Farbton der Tiefe, der Empfänglichkeit, der Wahrheit und Unsterblichkeit. Diese Farbe Blau sollte daher auch im Bild von Famira vorherrschen und von anderen Farbtönen, z. B. Gold und Gelb als Farben des Lichtes und Weiß als vollkommenste Farbe begleitet werden.

Die Welt im Famira-Tarot

Die Karte der Welt bei Famira ist nahezu identisch mit der von Waite.

Die Welt im Waite-Tarot

Die Seele erfährt sich in der Verzückung ihrer göttlichen Schau und des sich selbst erkennenden Geistes. Die beiden ›Zauberstäbe‹ symbolisieren die ewigen Gegenkräfte, die in den Händen der tanzenden Gestalt ihre Polarität verlieren.

Die Welt (Universum) im Crowley-Tarot

Umringt von den vier Cherubinen oder Urkräften der Existenz, dem Stier (Element Erde), dem Löwen (Element Feuer), dem Adler als erlösten Skorpion (Element Wasser) und dem Engel (Element Luft) und unter dem ewig wissenden Auge des Gottes Horus (rechts oben) vollendet der Mensch seine Reise und erfährt Grenzenlosigkeit.

Farbgebung der Karte XXI

Bei Crowley werden alle Farbtöne außer Rot verwendet. Bei Waite fällt vor allem das helle Blau auf. Bei der Gestaltung der Welt im Famira-Tarot ist zu berücksichtigen, daß diese Karte − vom Narren abgesehen − die letzte Karte ist, und daher in der Farbgebung einen Höhepunkt darstellen sollte: Die Farbe Rot als Symbol für männliche, feurige Kraft. Die Farbe Blau als Symbol für weibliche, empfangende Kräfte und als Zeichen der Wahrheit. Die Farbe Gelb als Symbol des Lichtes, der Klarheit und Zeichen der Hoffnung. Die Farbe Grün als Symbol der Kreativität, des Wachstums und des Friedens. Weiß ist die vollendete Farbe und Schwarz bedeutet die absolute Reduzierung.

0 Der Narr

Der Narr

Karte 0

Einstimmung

Ich weiß, daß ich nichts weiß – aber selbst das vergesse ich immer wieder. Meine Herkunft ist mir so unbekannt wie das, was kommen wird.

Was mich zum Lachen bringt? Alles! Das Licht der Sonne und das Lied des Regens. Im Winter schmelzen die Schneeflocken in meiner warmen Hand.

Vielleicht bin ich trunken, und vielleicht ist hier das Ende der Welt.

Ich bin nichts als ein Nichts.

Bedeutung

Der Narr ist die seltsamste Trumpfkarte im Tarot. Die Tarotmeister haben die unterschiedlichsten Meinungen über ihn. Der eine behauptet, er sei von Anfang an dabeigewesen, ein anderer weiß, daß ihn erst die Zigeuner dazu gemischt haben. In vielen älteren Tarotbüchern ist der Narr, die Null, das Menschlein vor seiner Bewußtwerdung, vor seiner Einweihung in die hohe Kunst des Tarot. Und in vielen neueren Büchern ist der Narr der eigentlich Weise und Wissende, der über die esoterischen Wichtigmacher lauthals lacht. Diese Unklarheit über die Herkunft und Bedeutung des Narren entspricht genau seiner Natur. Einen wirklichen Narren kann man nicht festlegen, er ist allemal nur das Spiegelbild der Welt.

Zum einen ist er wirklich eine Null, ein Dummkopf, der den Abgrund nicht sieht und immer wieder in sein Unglück stolpert.

Zum anderen gibt es ihn gar nicht. Als Null existiert er zwischen den Zahlen. Er ist die erfüllte Leere.

Dann ist er der Narr, der den Abgrund nicht sieht und deswegen auch nicht hineinstürzen kann. Alle diejenigen jedoch, die mit erhobenem Zeigefinger den Menschen vor dem Sturz in die Tiefe warnen, purzeln ständig selber hinunter. Weil der Narr die Gefahr nicht sieht, bleibt er unschuldig, rein und glücklich. Er hat einen Schutzengel wie alle Narren und Kinder. Eigentlich gibt es nur zwei Menschen, die wirklich glücklich sind: der Weise und der Narr.

Er macht das Leben leicht und erträglich, weil er über sich und die ganze Welt lachen kann. Er bringt uns dazu, mit ihm zu lachen, auch über ihn zu lachen. Er reitet mit dem Tod und sitzt neben dem Hohepriester. Er ist der Joker, der für alles stehen und der alles durcheinanderbringen kann. Er ist wirklich weise, weil er sich selbst nicht wichtig nimmt und niemandem schadet. Er ist der Garant dafür, daß das Tarot immer wieder zum heiteren Spiel wird, vielleicht von Zigeunern nur erfunden, um ernsthaften Bürgern das Geld aus der Tasche zu ziehen.

Das Tarot ist ein Spiel, und zum Schluß zeigt uns allemal der Narr seinen blanken Hintern.

Aussage

Der Narr
Humor, Unschuld und Reinheit
Ungebundenheit und Glück
Der lachende Buddha
Das große kosmische Gelächter

Mantra

»Ich bin nichts als ein Nichts«

Englisch: The Fool
Französisch: Le Mat
Italienisch: Il Matto

Anmerkungen zur Karte 0

Genau wie die Karte der Gerechtigkeit hat auch der Narr keinen Gegenpart. Oder, genaugenommen, ist er, der Narr, das verzerrte Spiegelbild jeder anderen Karte im Tarot. Wie der Narr an den Höfen der Könige ist er auf der Welt, um die hochwürdigen Gestalten immer wieder das Lachen zu lehren. Der Narr ist immer auch sein eigener Gegenspieler und ist damit der Garant dafür, daß das Leben nicht erstarrt.

Der Narr im Famira-Tarot

Famiras Version des Narren ist der von Waite recht ähnlich. Allerdings wirkt der Abgrund noch erschreckender, um die Leichtsinnigkeit, aber genauso das absolute Urvertrauen des Narren zu unterstreichen.

Der Narr im Waite-Tarot

Für Waite verkörpert der Narr den menschlichen Geist auf der Suche nach Erfahrung. In seiner rechten Hand trägt er einen Stab mit einem Bündel − darin sind all seine Reichtümer eingepackt; mehr kann er nicht mit sich tragen, ohne an Leichtigkeit zu verlieren. In seiner linken Hand hält er eine weiße Rose, Zeichen des ewigen Lebens. Nur der Tod der Karte XIII trägt wie der Narr diese Blume. Statt des Tigers bei Crowley befindet sich bei Waite ein Hund, als Symbol absoluter Treue und Ergebenheit.

Der Narr im Crowley-Tarot

Der Narr bei Crowley wird durch den Frühlingsgott Dionysos dargestellt. Die Farbe Grün (bei Crowley die Farbe für Kreativität) weist auf sein großes schöpferisches Potential hin. Zu seinen Füßen kauert ein Krokodil. Auch dieses Tier war in Ägypten Symbol einer kreativen Gottheit. Der Tiger verkörpert Angst. Aber der Narr scheint sich nicht darum zu kümmern, er vergißt seine Furcht und wird dadurch von ihr befreit. Wie eine lange Nabelschnur umgeben den Narren Spiralen, seine Verbindung mit dem Kosmos. Die Münzen an der rechten Seite sind mit kosmischen (astrologischen) Symbolen bedruckt.

Zur Farbgebung der Karte 0

Crowley zeichnet den Narren grün, um seine kreativen Kräfte zu unterstreichen. Im übrigen Bild kommen auch alle anderen Farbtöne zur Geltung. Auch bei Waite trägt der Narr ein grünes Gewand. Aber Gelb ist eindeutig die stärkste Farbe.

Bei der Gestaltung der Famira-Karte kann man sich von der Intuition leiten lassen. Der Narr entzieht sich ja jeder Festlegung, und so hat man auch beim Bemalen der Karte völlig freie Hand.

Das Kleine Arkanum

Eine meditative Betrachtung

Vor mir liegen 40 Karten in 4 Reihen: die Karten der Sterne, der Stäbe, der Kelche und die der Schwerter. Jede Reihe beginnt mit dem As oder der 1 und endet mit der Karte 10. Ich sitze vor den Karten und lasse sie auf mich einwirken. Ich erinnere mich an die magische Frau, an die Hohepriesterin der Trumpfkarten, an ihre Ahnungen, ihre Intuition und ihr geheimnisvolles Wissen. Ich sitze da wie sie, ich fühle wie sie und öffne meine Seele für ein Gespräch mit den Karten. Werden sie mir ihre Geheimnisse verraten?

Am liebsten betrachte ich die Kelche. Nur zwei Karten sind dunkel (Kelch 5 und Kelch 8), alle anderen sind freundlich und hell. Das Kelch-As ist wundervoll: ein Gefäß, das überströmt und sein klares Wasser in einen See vergießt. Über dem Kelch ist eine weiße Taube und unter ihm eine Lotusblüte, noch glänzend im Tau des Morgens.

So ist es, wenn das Herz voll ist, wenn es überströmt vor Freude und Glück.

Ich schließe kurz die Augen. Das Bild des goldenen Kelches läßt mich nicht los: Ich denke an ein großes Fest. Die Musik ist kraftvoll und klar. Die Becher erklingen hell, wenn sie aneinanderstoßen: »Zum Wohl!«, »Gesundheit!«, »Auf ein glückliches Leben!«

Ich sehe die Kelch-5: drei Gefäße liegen am Boden, wurden umgestoßen, der Inhalt ist vergossen. Ich spüre den Schmerz, die Trauer und die Enttäuschung, die sich in dieser Karte widerspiegeln. Das Herz kommt mir in den Sinn. Das Herz ist ein Gefäß, das sich füllt und leert. Es sammelt das Blut und gibt es wieder zurück:

Das volle Herz und das leere Herz.

Das beschwingte und das enttäuschte Herz.

Die Herzen, die sich liebevoll begegnen, und die Herzen, die im Schmerz auseinandergehen.

Stehen die Kelchkarten für die Herzensangelegenheiten des Menschen? Für das, was wir Liebe nennen, Herzensgüte und Stärke, für seelische Gesundheit und Freude, aber auch für Kummer und Leid?

Wofür stehen dann die anderen Karten?

Die Schwertkarten wirken bedrohlich. Das dreifach durchbohrte Herz, die Eiseskälte der Schwert-4. Der Alptraum in den Schwertkarten 5, 8, 9 und 10. Auch die restlichen Karten sind düster und schwer. Ich denke an Zwietracht, Krieg, Niederlage und Ruin, an die Herzlosigkeit der Menschen und an die Grausamkeit des Lebens. Ich spüre Angst und Entsetzen. Was muß geschehen sein, wenn ein Mensch von zehn Schwertern durchbohrt am Boden liegt? Ich begreife, daß die Schwerter nicht die wirklich tödlichen Waffen sein können. Vielleicht sind sie dramatisch übersteigerte Symbole. Worte könnten sie sein, Anschuldigungen, die verletzend sind: »Du bist feige, du bist nicht liebenswert, du bist falsch.« Dann ist man vergiftet, gelähmt durch die Kraft der Worte.

So könnten die Schwertkarten das ausdrücken, was mir widerfährt, was mein Leben durchkreuzt, wie andere mir schaden, wie das Leben mich schlägt und wie ich damit fertig werde.

Wofür stehen die zehn Karten der Stäbe?

Außer der letzten Karte, der Stab-10, drücken alle Kraft, Schwung, Auseinandersetzung, Stolz und Sieg aus. Und alle Stäbe treiben Blätter. Ist dies ein Zeichen für Wachstum und Fruchtbarkeit?

Ich denke an den Lebensbaum, dieses uralte Symbol für Lebenskraft und Lebensgestaltung, an den Zauberstab, jenes Stück Holz, in das geheimnisvolle Kräfte gebannt sind und an den Wanderstab, der den Menschen begleitet und ihm Mut und Zuversicht gibt.

So könnten die Stäbe für die Lebenskraft des Menschen stehen. Für Vitalität, Unternehmungsgeist, Tatendrang, Abenteuerlust, Erfolg und Mißerfolg.

Jetzt fehlen noch die 10 Sternkarten.

Wenn ich sie betrachte, denke ich sofort an Glück: das Glück durch Reichtum, aber auch das Glück, das aus einem zufriedenen Herzen kommt.

Ich sehe, daß auf einigen Karten (3, 7 und 8) gearbeitet wird. Arbeitet hier jemand an seinem eigenen Glück oder wurde eine Arbeit gefunden, die glücklich macht?

Dann sind noch zwei Karten da (5, 6), die das Gegenteil von Glück auszudrücken scheinen: da sind Menschen, die verletzt, arm oder krank sind. Sind es Unglückskarten, oder symbolisieren sie eine andere Art von Glück? Den Trost, den der Verletzte findet, und das Mitgefühl, das der Bettler braucht?

Ich betrachte wieder alle 40 Karten:

Die Stäbe stehen für Stärke, Kraft, Unternehmungsgeist, Tatendrang, Vitalität und körperliche Gesundheit. Die Kelche stehen für die Herzensangelegenheiten: Liebesglück und Liebesleid und damit verbundene, seelische Gesundheit oder Depression.

Die Schwerter sagen, was das Leben durchkreuzt, was es behindert und zerstört, ob die geistige Kraft des Menschen stark genug ist, damit fertig zu werden, oder ob er daran zerbricht. Die Sternkarten helfen dem Menschen. Sie bringen Reichtum und Trost, Arbeit, Geld, Glück und Erlösung.

Was ich bin	—	die Stäbe
Was ich fühle	—	die Kelche
Was mich zwingt	—	die Schwerter
Was mich erlöst	—	die Sterne

Ich denke an die Trumpfkarte I, den Magier. Er verfügt über die vier Elemente der Schöpfung: den Stab, den Kelch, das Schwert und den Stern. So könnte er den Stab erheben und dazu sagen:

»Ich bin, wie ich bin, und ich will, was ich will!«

Genauso könnte er den Kelch in seine Hände nehmen und verkünden:

»Ich bin, was ich fühle!«

Greift er nach dem Schwert, würde er vielleicht folgende Worte dazu aussprechen:

»Ich bin, was ich erleide, was ich durchstehe und, was ich schließlich erkenne.«

Und ich sehe den Magier, wie er einen Stern in die Höhe hält und dazu verkündet:

»Ich bin, was ich habe, ich bin mein Reichtum.« Und dann: »Ich bin aber auch, was ich mir erarbeite.« Und zum Schluß: »Letztlich bin ich, was mich von allem Irdischen befreit und erlöst. Ich bin, was an mir unsterblich ist, ich bin meine Seele, mein ewiger Geist.«

Wer will, mag sich diese vier ›L‹ als Hilfe für den Anfang merken:

Stäbe	—	Leben
Kelche	—	Liebe
Schwerter	—	Leid
Sterne	—	Lösung

Die Stab-Karten

Element: Feuer

Synonyme: Zauberstab

Englisch: Wand

Spielkarten: Pik, Grün, Blatt

Assoziationen

Feuer – Kraft – Zündung – Energie – Männlichkeit – Yang – Abenteuer – Gesundheit – Power – Willensstärke – Arbeit – Konkurrenz – Durchsetzung – Startkraft – Lärm – Dynamik – Drang – Ausdehnung – Rücksichtslosigkeit – Furchtlosigkeit – Spannung – Wut – Zorn – Aggression – Kampf – Erschöpfung – Krankheit – Sieg – Niederlage – Sexualität – Zeugungskraft – Eroberung – Sturm

Stab-As

Stab-As, Stab-1

Element: Feuer

Aus dem Himmel wird mir ein Stab mit grünen Blättern überreicht, der das Leben symbolisiert. Das Leben ist ein göttliches Geschenk, ein Geheimnis, das wir nicht kennen. Aber es beginnt mit Feuer.

Am Anfang ist das Feuer.

Es existiert als Sonne, Helligkeit und Wärme, aber auch als Elektrizität, Magnetismus und biochemischer Prozeß. Letztendlich ist das Leben ein Spiel unmerklicher Verbrennungsvorgänge. Feuer ist ein anderes Wort für Leben.

Feuer bracht Reibung, um zu entfachen, braucht Nahrung, um nicht zu erlöschen und braucht Raum, um nicht zu ersticken.

Ich entdecke das Feuer. Ich bemerke es in meinen Händen, in meiner Willenskraft. Ich richte mich auf und spüre meine Stärke. Ich atme tief ein und aus und entdecke meine Lust. Dem Leben die Stirn bieten, sich hineinstürzen in das Lebensspiel? Es ist herrlich, zu wissen, daß ich Kraft habe und nichts zu fürchten brauche. Alles steht mir offen. Das ganze Leben ist ein Spielplatz meiner Kraft und meiner Möglichkeiten.

Ich bin Feuer! Ich lebe! Ich bin stark! Ich bin!

Die Zahl *EINS* steht am Anfang und ist in jeder anderen Ziffer enthalten. Sie verkörpert das Eine, in dem Alles ist.

Mit dem Stab-As beginnt alles Leben.

Aussage

Anfang, Energie, Vitalität, Lebenskraft, Gesundheit
Feuer, Lebendigkeit, Aktivität
Eine vitale Kraft, die sich verwirklicht

Spielkarten

Pik-, Grün-, Blatt-1 oder As

Anmerkungen zu der Karte Stab-As oder Stab-1

Stab-As im Famira-Tarot

Famira hat die Sonne als lebensspendendes Zentrum unserer Welt in das Bild gezeichnet. Auch sie schmückt die Stäbe mit (Eichen-)Blättern, betont aber weniger die phallische Energie.

Stab-As im Waite-Tarot

Für Waite bedeuten die Stäbe Lebenskraft. Daher zeigen sie grüne Blätter. Das Stab-As wird aus dem Himmel überreicht. Ein Zeichen dafür, daß das Leben ein göttliches Geschenk ist. Auch hier hat der Stab eine phallische Form.

Stab-As im Crowley-Tarot

Eine brennende Feuerfackel repräsentiert bei Crowley das Feuerelement. Die zackigen Blitze sollen die Kraft und Dynamik verstärken. Die phallische Form des Stabes verweist auf Sexualität.

Farbgebung der Karte

Bevor man mit dem Ausmalen der Stab-Karten beginnt, ist es gut, sich selbst zu fragen, welche Farbe am ehesten das Feuerelement repräsentiert. Für manchen Menschen hat das Feuer eine bläuliche Farbe und spiegelt damit eher das Feuer des Glaubens wider.

Stab-2

Element: Feuer

Feuer wird aus Reibung geboren. Verhinderung erzeugt Druck, und Druck verwandelt sich in Hitze.

Ich möchte über meinen engen Raum hinaussehen, hinausschreiten ins offene Land. Aber ich bin noch unentschlossen. Der Feuerstrahl, der mir einen eindeutigen Weg weist, leuchtet noch nicht auf. Vielleicht ist auch mein Weg verstellt.

So warte ich und betrachte in einer Weltkugel oder einer Kristallkugel die verschiedenen Möglichkeiten, die mir offenstehen. In meiner Hand sind Symbole der unbegrenzten Weite. Ich bin sicher, daß meine Zeit kommt. Der Funke ist bereits übergesprungen.

Die Ziffer *ZWEI* bedeutet Un-ein-deutigkeit und Unentschiedenheit. Sie wird in Worten wie Zwei-fel und Zwei-deutigkeit eingefangen. Das Eine hat seine Ein-deutigkeit verloren. Es muß warten, bis es auf einer neuen Stufe wieder vollkommen ist.

Aussage

Verhinderung, Druck, Reibung
Unentschiedenheit, Mehrdeutigkeit
Unbegrenzte Möglichkeiten
Offene Situation
Ich benötige Zeit und mehr Informationen, um mich zu entscheiden

Spielkarten

Pik-, Grün-, Blatt-2

Anmerkungen zu der Karte Stab-2

Stab-2 im Famira-Tarot

Zwei Stäbe und eine große Weltkugel signalisieren unbegrenzte Möglichkeiten, die aber noch nicht wahrgenommen werden können.

Stab-2 im Waite-Tarot

Waite zeichnet einen König oder reichen Fürsten, der auf den Zinnen seines Schlosses steht und in die Welt sieht. In der Hand hält er die Weltkugel. Als Folge der verhaltenen Position legt Waite die Karte auch als Schwäche oder Krankheit aus.

Stab-2 im Crowley-Tarot

Die beiden Stäbe haben die Form tibetanischer Donnerkeile. Sie liegen über Kreuz, was andeutet, daß sich die Energie nicht völlig frei bewegen kann. Das Deutungswort heißt daher ›dominion‹, zu deutsch Herrschaft. Hinter den beiden Stäben ist eine Art Sonne zu sehen.

Farbgebung der Karte

In der Farbgebung sollte sowohl die Kraft des Stab-Elementes Feuer (Rot, Gelb) als auch die (momentane) Verhinderung erkennbar sein. Das aufkommende Feuer könnte man beispielsweise durch eine glühende Wolke ausdrücken.

Stab-3

Stab-3

Element: Feuer

Ich habe mich entschieden!

Breitbeinig und sicher stehe ich im Raum. Nichts kann mich umwerfen. Ich fühle mich stark genug, um am Lebensspiel teilzunehmen, etwas zu riskieren, Neues zu erleben. Ich brauche niemanden, der mich beschützt, ich bin selber stark.

Meiner Vergangenheit kehre ich den Rücken zu. Sie liegt hinter mir. Ich schaue in die Zukunft, erwartungsvoll, froh und voller Tatendrang.

Die Ziffer *DREI* ist eine stabile Zahl. Aus der Zahl *ZWEI*, die labil und un-ein-deutig ist, wächst eine neue Festigkeit. Die *DREI* vollendet die *ZWEI*. Es heißt: Vater, Sohn und Heiliger Geist. Zu einer Familie gehören Vater, Mutter und Kind. Man sagt »aller guten Dinge sind drei«, oder »ein Tisch mit drei Beinen wackelt nicht«.

So stehe auch ich in der Welt, sicher und standfest. Ich bin offen für alles, was mir entgegenkommt.

Aussage

Sicherheit, Stärke, Standfestigkeit
Sichere Ausgangsbasis
Entschlossenheit
Öffnung nach außen
Ich weiß, was ich will

Spielkarten

Pik-, Grün-, Blatt-3

Anmerkungen zu der Karte Stab-3

Stab-3 im Famira-Tarot

Famira betont am deutlichsten die Entschlossenheit des Mannes zum Aufbruch. Die Gestalt hält sich auch nicht mehr an einem der Stäbe fest wie bei Waite, sondern ist sich ihrer Stärke bewußt.

Stab-3 im Waite-Tarot

Bei Waite schaut ein Mann über das offene Meer und wartet auf eine Reise oder betrachtet, wie seine Geschäfte florieren.

Stab-3 im Crowley-Tarot

Die drei Stäbe tragen aufbrechende Lotusblüten, ein Ausdruck für die jetzt freiwerdende Feuerenergie. Das deutsche Deutungswort heißt Tugend, was eine unpassende Übersetzung des englischen Wortes ›virtue‹ ist. Viel geeigneter wäre als Übersetzung Wirksamkeit oder Kraft.

Farbgebung der Karte

Bei Waite und Crowley herrschen Rot- und Gelbtöne vor. Auch in Famiras Tarotkarte sollte eine helle und dynamische Stimmung durch die Farben erreicht werden.

Stab-4

Stab-4

Element: Feuer

Bisher war ich allein, und nur ich selbst war mir wichtig. Jetzt begegne ich anderen Menschen, die wie ich das Leben entdecken möchten. Ich finde die Gruppe und suche den Austausch von Energien.

Das geschmückte Schloß erwartet mich. Es ist ein Symbol für Geselligkeit, Abenteuer, Spiel und Tanz. Diese Symbolik findet sich wieder im Dorfplatz, auf dem sich die Burschen und Mädchen treffen. Auch heute noch begegnen sich jung und alt auf den Marktplätzen und Piazzas der Städte am Nachmittag und am Abend. Diese Plätze locken Menschen an, die das Leben suchen und denen die Welt in ihrer eigenen Familie zu klein geworden ist.

Auch ich suche das Neue, koste von den Vergnügungen und tausche mich mit den Schwingungen der anderen aus.

Die Ziffer *VIER* ist eine harmonische Zahl. Sie ist vollendet, wie das Quadrat oder der Würfel, der aus sechs Quadraten besteht.

Das Feuer findet eine harmonische Form. Es wird zu flüssigem Gold, zum materiellen Reichtum und manifestiert sich beim Menschen im Gefühl der Erhabenheit und Freude. Das Feuer findet seinen Glanz.

Aber die *VIER* hat auch die Tendenz der Selbstgefälligkeit und kann so auf der Karte *FÜNF* zu Auseinandersetzung und Zwietracht führen.

Aussage

Ein freudiges Ereignis
Tanz, Festlichkeit, Kommunikation, Spiel
Leben in der Gruppe
Austausch von Energien
Gefahr der Selbstgefälligkeit

Spielkarten

Pik-, Grün-, Blatt-4

Anmerkungen zu der Karte Stab-4

Stab-4 im Famira-Tarot

Die Version Famiras ist eine vereinfachte Darstellung des Waite-Tarot.

Stab-4 im Waite-Tarot

Auch Waite verbindet die vier Feuerstäbe mit Girlanden. Vor der Burg warten zwei Menschen mit Blumensträußen. Die Deutung nach Waite: Ruhe, Harmonie, Frieden.

Stab-4 im Crowley-Tarot

Die vier Stäbe tragen Widderköpfe und Tauben. Hiermit soll ausgedrückt werden, daß sich das wilde, ungestüme Feuer des Widders mit der Zartheit der Taube versöhnt und zusammenfließt. Aus dieser Verbindung werden kreative Kräfte (Grün ist bei Crowley die Farbe der Kreativität) frei. Das Deutungswort heißt Vollendung (›completion‹).

Farbgebung der Karte

Auch in der Farbgebung sollte der Glanz einer Verschmelzung von Feuerenergie und Fröhlichkeit sichtbar werden. Als Farben empfehlen sich Rot, Grün, Gelb und Gold.

Stab-5

Stab-5

Element: Feuer

Ich möchte wissen, wie stark ich bin, ob ich geschickter, schöner, schneller oder klüger bin als die anderen. Dieses Spiel ist ein uralter Zeitvertreib, der letztendlich in der Natur des Menschen wurzelt, sich zu behaupten, um zu überleben. Dieser Trieb findet seinen Ausdruck im Imponiergehabe der Männer und im Schönheitswettbewerb der Frauen. Er kristallisiert sich in sportlichen Wettkämpfen, in Ritterturnieren und letztendlich in Schlachten und Kriegen. Er ist der Motor für unsere Leistungs- und Konsumgesellschaft.

Dieser Vergleich aktiviert auf natürliche Weise das menschliche Feuer. Genau wie Reibung Hitze erzeugt, schaffen Rivalität und Konkurrenz mehr Lebenskraft und Lebendigkeit.

Die Ziffer *FÜNF* ist eine bewegliche Zahl. Eine Gruppe von fünf Menschen ist nie im Gleichgewicht (3 + 2, 2 + 2 + 1, 4 + 1) und fördert daher die Dynamik der einzelnen Mitglieder untereinander.

Im Tarot ist die *FÜNF* eine ›karmische‹ Zahl. Sie ergibt sich aus der *VIER* und ist eine schicksalhafte Folge dieser Zahl: Wer auf der Stufe *VIER* zu leichtfertig und selbstgefällig seiner Lust folgt und jede spielerische Auseinandersetzung annimmt, erfährt auf der Ebene der *FÜNF,* daß er sich behaupten muß. Der Volksmund sagt: »Aus Spiel wird Ernst.«

Aussage

Reibung, Überlebenstrieb
Auseinandersetzung, Lebendigkeit, Streit
Austausch von Energien
Ich vergleiche mich mit anderen
Ich stürze mich in das Leben
Aus Spiel wird Ernst

Spielkarten

Pik-, Grün-, Blatt-5

Anmerkungen zu der Karte Stab-5

Stab-5 im Famira-Tarot

Famira hat die Auseinandersetzung weiter stilisiert und betont die Feuerenergie, die aus Reibung erwächst.

Stab-5 im Waite-Tarot

Bei Waite wird der Kampf offen und deutlich ausgetragen. Seine Interpretation: Wettbewerb und Kampf.

Stab-5 im Crowley-Tarot

Auf der Spitze des mit ägyptischen Symbolen geschmückten, mittleren Stabes ist ein Siebenstern mit der Spitze nach unten. Das bedeutet Verhinderung. Der verdickte, mittlere Stab deutet an, daß es darum geht, wer die Vorherrschaft besitzt. Das Deutungswort im Englischen lautet ›strife‹. Es ist unverständlich, warum dieses Wort mit Streben übersetzt wurde. Es bedeutet Streit, und dies ist auch die Aussage der Karte.

Farbgebung der Karte

Durch die Farbgebung sollte die Dynamik und Auseinandersetzung ersichtlich werden. Man kann die Stäbe durchaus auch in verschiedenen Farben wiedergeben, um die unterschiedlichen Interessen der streitenden Männer symbolisch auszudrücken.

Stab-6

Stab-6

Element: Feuer

Ich bin der Sieger!

Was immer der Anlaß des Kräftemessens war, ob es um Macht, Schönheit, Schnelligkeit oder Geschicklichkeit ging, ich habe gewonnen und genieße jetzt Ansehen und Erfolg. Symbolisch trage ich den Lorbeerkranz und reite auf einem Pferd. Die anderen stehen hinter mir. Ihre Stäbe, Sinnbild ihrer Lebenskraft, stärken mir den Rücken. Das beweist, daß es eine faire Entscheidung war, die auch die anderen mittragen.

Es liegt in der Natur der Gruppe, sich an einem ›Leittier‹ zu orientieren. Solange diese Stelle frei ist, ringt jeder um diesen Platz. Ist sie besetzt, so findet die Gruppe ihre Struktur und ihre Form. Sie kann ein gemeinsames Ziel ins Auge fassen und verbraucht ihre Energien nicht mehr im gegenseitigen Kräftemessen.

Die Ziffer *SECHS* ist wieder eine stabile Zahl. In ihr ist die Zahl *DREI* zweimal enthalten. Der Würfel, der aus sechs Flächen besteht, ist nach der Kugel der vollendetste Körper.

Sie ist auch eine schicksalhafte Folge der Ziffern *VIER* und *FÜNF* : Wer sich auf der Stufe der *VIER* der Selbstgefälligkeit ergibt, muß sich auf der *FÜNF* in einer ernsten Auseinandersetzung bewähren und findet schließlich auf der Ebene der *SECHS* seinen Frieden wieder.

Aussage

Sieg, Überlegenheit, Ansehen
Verantwortung und Leitung
Stolz und angenehme Neuigkeiten
Friede nach einem Streit
Ich gewinne eine Auseinandersetzung

Spielkarten

Pik-, Grün-, Blatt-6

Anmerkungen zu der Karte Stab-6

Stab-6 im Famira-Tarot

Famiras Version der Karte Stab-5 ist beinahe identisch mit der von Waite.

Stab-6 im Waite-Tarot

Bei Waite sitzt ein Mann mit dem Lorbeerkranz auf einem weißen Pferd. Das ganze Bild kennzeichnet ihn als den Sieger, der von den anderen Menschen im Hintergrund anerkannt wird.

Stab-6 im Crowley-Tarot

Die Lotusblüten als Zeichen der Kreativität, die Horusköpfe (im Unterschied zur Karte Stab-5 sind sich die beiden Gesichter wieder zugewandt) als Sinnbilder der Erneuerung und die Adlerflügel mit den Schlangen als Zeichen errungener Freiheit formen ein harmonisches Muster, das von neun Feuerzungen besetzt ist. Das Deutungswort heißt ›victory‹, also Sieg.

Farbgebung der Karte

Bei der Farbgebung dieser Karte sollte der Farbton Blau eine wichtige Rolle spielen. Für das Pferd eignet sich Weiß als Farbe der Vollkommenheit.

Stab-7

Stab-7

Element: Feuer

Einerseits sucht die Gruppe eine Autorität, um sich an ihr zu orientieren (Stab-6), andererseits beneidet sie jeden um diese Stellung und versucht, seine Position zu untergraben und die Autorität zu boykottieren.

Es liegt in der Natur einer Führungsposition, daß sie diesen Herausforderungen gewachsen ist: Damit in der Natur das Leittier sein Rudel führen und schützen kann, muß es nahezu unbesiegbar sein. Das gleiche geschieht bei der Revierhoheit: Im eigenen Territorium ist ein Tier auch von einem viel stärkeren Artgenossen kaum zu schlagen.

Auch ich kann meine Position jetzt gegen jeden Angriff behaupten. Mir stehen unbegrenzte Energien zur Verfügung. Vielleicht, weil ich das Recht auf meiner Seite habe, oder weil ich auf meinem (Spezial-) Gebiet unschlagbar bin.

Die Ziffer *SIEBEN* ist eine magische, heilige Zahl. Die Alten kannten nur sieben Planeten, Gott erschuf die Welt in sieben Tagen, der Mond dreht sich in vier mal sieben Tagen um die Erde und die Woche hat daher sieben Tage. In vielen Mythen und Märchen ist die Sieben ein Symbol für unwiderstehliche Kraft und Stärke (die Sieben Samurais, die glorreichen Sieben, die sieben tapferen Brüder), und selbst im modernen Glücksspiel taucht sie im Lotto, das aus sieben mal sieben Reihen besteht, und im Spiel 77 auf.

Aussage

Stärke, Selbstbehauptung, übernatürliche Kraft, Magie
Eine Herausforderung, der ich gewachsen bin
Ich gewinne einen Kampf
Ich verteidige mein Revier

Spielkarten

Pik-, Grün-, Blatt-7

 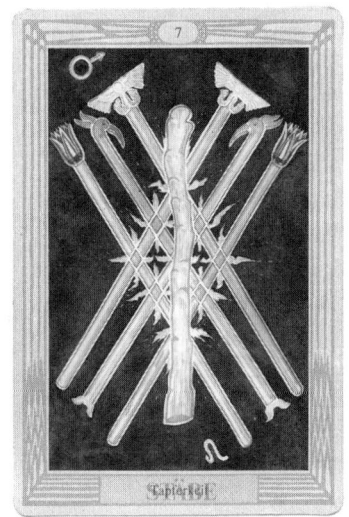

Anmerkungen zu der Karte Stab-7

Stab-7 im Famira-Tarot

Bei Famira zeigt der Sieger der Karte Stab-7 ganz besonders deutlich seine Überlegenheit.

Stab-7 im Waite-Tarot

Bei Waite verteidigt ein Mann seine Position gegen einen Angriff. Aber er steht über den Angreifenden und drückt damit aus, daß er der Herausforderung gewachsen ist.

Stab-7 im Crowley-Tarot

Auf dem gleichgebliebenen Muster der Karte Stab-6 liegt ein neuer Stab, der besonders stark aussieht. Auch die Farbe hat sich geändert. Aus dem hellen Lila der Karte Stab-6 wurde ein dunkles Violett. Es bedeutet, daß sich die Energien verdichten. Das Deutungswort heißt ›valour‹, zu deutsch: Tapferkeit.

Farbgebung der Karte

Die violette Farbe bei Crowley wurde bereits erwähnt. Im Unterschied dazu behält Waite den gelben Farbton bei. In der Farbgebung der Famira-Karte soll die Verdichtung der Energie zum Ausdruck kommen. Das wird z. B. durch ein dunkles Rot oder ein Violett erreicht.

Stab-8

Stab-8

Element: Feuer

Wie es in der Natur der Gruppe liegt, sich an einem Leiter zu orientieren und dieser den ständigen Herausforderungen gewachsen sein muß, so ist es auch natürlich, daß der Führer nach einer bestimmten Zeit ausgewechselt wird. Vielleicht, weil seine vereinbarte Zeit vorüber ist, weil er alt geworden oder weil er den neuen Anforderungen einer veränderten Epoche nicht mehr gewachsen ist. Folgt der Leiter den natürlichen Zeichen, übergibt er seine Position einem anderen. Stellt er sich gegen die Wende, stehen die Zeichen auf Sturm. Acht Stäbe fliegen durch die Luft!

Die Ziffer *ACHT* ist gleichermaßen unendlich (als liegende ›8‹ ist sie das Zeichen für Unendlichkeit) und in sich abgeschlossen (zweimal die *VIER*). Als unendliche Zahl steht sie für die ungeheure Kraft, die in den acht Stäben gebannt ist: Etwas Gewaltiges (f)liegt in der Luft. In dieser Form wirkt die *ACHT* bedrohlich. Das ist auch in dem Wort ›Acht-ung‹ in seltsamer Weise eingefangen. Auch in anderen europäischen Sprachen besteht dieser Bezug zwischen Acht und Achtung.

Der Flug der acht Stäbe deutet auf eine gefährliche Wende hin. Eine Situation, ein Zeitabschnitt geht dem Ende zu. Die Stäbe neigen sich im Flug wieder der Erde zu, der Höhepunkt ist überschritten.

Aber die Karte Acht allein zeigt noch nicht die Richtung der Wende; der Weg nach der Veränderung ist (noch) nicht bestimmt.

Aussage

Achtung! Vorsicht!
Spannung, Energie, die Wende
Etwas Bedrohliches liegt in der Luft
Ich achte auf die Zeichen, ich wurde vorgewarnt

Spielkarten

Pik-, Grün-, Blatt-8

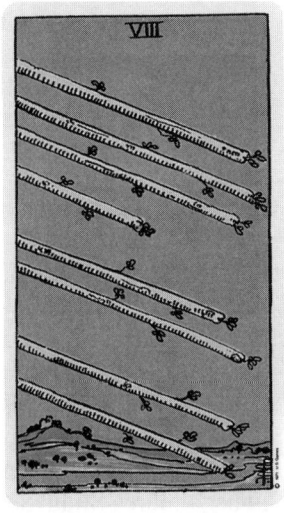

Anmerkungen zu der Karte Stab-8

Stab-8 im Famira-Tarot

Diese Karte ist völlig identisch mit der Karte von Waite.

Stab-8 im Waite-Tarot

Acht Stäbe, von denen man nicht weiß, ob sie aufwärts fliegen, oder ihren Höhepunkt bereits überschritten haben und sich wieder der Erde zuneigen.

111

Stab-8 im Crowley-Tarot

Bei Crowley heißt die Karte ›swiftness‹, zu deutsch: Schnelligkeit. Aus der Mitte der Karte kommen acht zackige Blitze. Das gesamte Bild wirkt wie eine Entladung unter einem herrlichen Regenbogen.

Farbgebung der Karte

Crowley und Waite wählen helle Blautöne. In der Karte von Famira sollte jedoch auch die Gefahr eines möglichen Umschlagens zum Ausdruck kommen. Es ist daher wichtig, in seinem Inneren nachzuspüren, durch welchen Farbton der Charakter der Veränderung dargestellt werden könnte.

Stab-9

Element: Feuer

In den Wahrsagebüchern der Zigeuner bedeutet die Stab-9 Niederlage, Verlust, Machtwechsel.

Auf der Karte verteidigt ein Mann mit letzter Kraft seine Position. Er ist der ursprüngliche Sieger der Karten Stab-6 und Stab-7. Aber jetzt stehen die Zeichen anders: nun ist die Gruppe stärker als ihr Führer, sie drängt auf den fälligen Machtwechsel. Aber die Mächtigen klammern sich immer an ihren Stuhl. Sie können nicht weichen, bis sie fallen.

In der Ziffer *NEUN* ist die Zahl *DREI* dreimal enthalten. *DREI* bedeutet Stärke und Stabilität. Darauf beruht die Sicherheit, mit der Menschen ihre Position gegen einen Wechsel verteidigen, auch wenn die Zeichen der Veränderung überdeutlich sind. Die Ziffer *NEUN* ist auch die letzte Zahl vor der *ZEHN*, was Vollendung bedeutet. So verführt die *NEUN* dazu, den Unterschied zur *ZEHN* zu negieren oder zu verdrängen.

Aber jedes weitere Festhalten an der Macht schiebt das Ende jetzt nur noch vor sich her. Der Wechsel ist bestimmt. Ich verschwende meine Lebenskraft. Was immer ich festhalten und behaupten will, meine Position, meinen Besitz, meinen Freund oder meine Freundin..., die Zeit ist gekommen, loszulassen und mich zu ergeben.

Aussage

Angst vor Niederlage, vor Verlust, vor einem Machtwechsel
Die Wende
Ich habe die Zeichen nicht beachtet, die Zeit der Sicherheit und Stärke ist vorüber
Ich führe einen sinnlosen Kampf
Ich stehe auf verlorenem Posten

Spielkarten

Pik-, Grün-, Blatt-9

Anmerkungen zu der Karte Stab-9

Stab-9 im Famira-Tarot

Auf Famiras Karte wird noch deutlicher, daß eine Person einen verzweifelten Kampf gegen eine Übermacht führt. Die Karte Stab-9 kann man als die Umkehrung der Karte Stab-7 bezeichnen.

Stab-9 im Waite-Tarot

Ein Mann scheint sich ängstlich an einen Stab zu klammern. Hinter ihm steht ein Wall von Angreifern.

Stab-9 im Crowley-Tarot

Auf der Karte sind viele Mondsicheln zu erkennen. Der Stab in der Mitte trägt die Sonne und den Mond. Die Stäbe sind zu Pfeilen geworden, die nach unten, ins Dunkle zielen. So bedeutet die Karte bei Crowley, daß eine äußere Stärke zu einer inneren Kraft wird. Der Mensch braucht sich nicht mehr im Äußeren zu behaupten; er findet seine innere Kraft. Das Deutungswort heißt ›strength‹, zu deutsch: Stärke.

Farbgebung der Karte

Bei Crowley ist der Farbton dunkler und damit bedrohlicher. Auch auf Famiras Karte sollte diese Bedrohung zum Ausdruck kommen. Geeignete Farben: Lila, dunkles Violett, Grau und Braun.

Stab-10

Stab-10

Element: Feuer

Der Kampf ist entschieden. Ich bin geschlagen.

Alles, was mich sonst schmückte und zierte, meine Kraft und Geschicklichkeit, mein Besitz und die Menschen, die zu mir gehörten, das alles ist zur Last geworden, zu einer Bürde, die mich nahezu erdrückt.

Feuer verausgabt sich, die feurige Lebenskraft lodert auf und verbrennt. Sie braucht immer wieder Phasen der Ruhe und Erholung. Auch die Erde benötigt Schutz vor der Sonne und schickt sie täglich unter den Horizont, um sie am nächsten Morgen wieder freudig zu begrüßen.

Mit der Ziffer *ZEHN* vollendet sich die Reihe der Stäbe. Aber die Vollendung führt nicht zu Macht und Stolz, sondern zu der Einsicht, daß Kraft und Vitalität mir nicht unbegrenzt zur Verfügung stehen. Der Weg nach außen in die Offensive ist nicht mehr möglich.

Jetzt muß ich nach innen schauen. Ich entdecke ein neues Element, eine neue Qualität, nämlich meine Fähigkeit zu fühlen und zu empfinden.

Ich tauche in den tiefen See der Kelche.

Aussage

Offensichtliche Niederlage, Energielosigkeit, aber auch unterdrückte Energie
Ich bin endgültig geschlagen
Ich fühle mich bedrückt
Mattigkeit, Müdigkeit, Erschöpfung, Folgen von Streß

Spielkarten

Pik-, Grün-, Blatt-10

 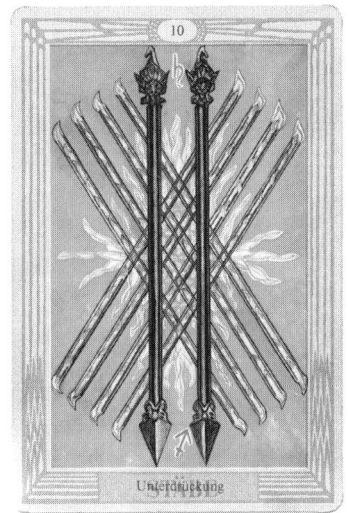

Anmerkungen zu der Karte Stab-10

Stab-10 im Famira-Tarot

Famira setzt die niederdrückende Kraft der Zehn Stäbe noch stärker und eindeutiger in Szene.

Stab-10 im Waite-Tarot

Eine gebückte Gestalt trägt zehn Stäbe und scheint unter der Last zusammenzubrechen.

Stab-10 im Crowley-Tarot

Das Feuer der acht Stäbe im Hintergrund wird durch die beiden Lanzen begrenzt und unterdrückt. Ihre Spitze zeigt nach unten, dies ist ein Zeichen dafür, daß die Kraft zurückweicht. Der Farbton ist rötlichorange, wie bei einer schwelenden Glut. Das Deutungswort heißt ›oppression‹, zu deutsch: Unterdrückung.

Farbgebung der Karte

Die Farbgebung sollte dem Gefühl der Schwere und Beschwerlichkeit gerecht werden. Man kann hierfür Braun-, Grau- und dunkle Farbtöne wählen.

Die Kelch-Karten

Element: Wasser

Synonyme: Schale, Pokal

Englisch: Cup

Spielkarten: Herz

Assoziationen

Liebe – Gefühl – Empfindung – Weiblichkeit – Ying – Herz – Trauer – Aufnehmen – Konzentrieren – Verdichten – Gebären – Empfangen – Freude – Verbindung – Partnerschaft – Seele – Tiefe – Intuition – Innerlichkeit – Stimmung – Ausdrucksfähigkeit

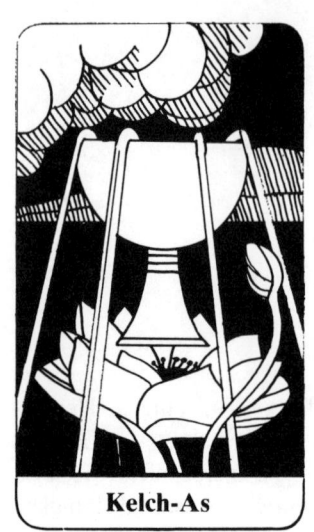

Kelch-As

Element: Wasser

Das Leben, die Existenz überreicht mir ein neues Geschenk.

Es ist ein Kelch, aus welchem Wasser in einen Lotusteich strömt. Wie alle anderen Kelch-Karten symbolisiert auch das Kelch-As das Wasserelement. Es steht für die rezeptive Seite des Menschen, für seine Fähigkeit zu spüren, zu empfinden und für seine Ausdruckskraft.

In vielen Mythologien und Religionen symbolisiert Wasser – oder ein mit Wasser gefüllter Kelch – die Seele des Menschen. Wasser fügt sich jeder Form. Genauso sind Gefühle ein Widerhall der Seele auf äußere und innere Ereignisse.

Die Stabkarten, Zeichen des Feuerelements, sind ein Ausdruck für die aktive Seite des Menschen; dagegen zeigen die Kelchkarten seine reaktive Seite: wie er die Welt in sich aufnimmt, welche Schwingungen sie in ihm erzeugen und welche Empfindungen ausgelöst werden.

Das Element Wasser bedarf keiner Anstrengung, wie das Feuerelement. Es fließt bei jedem offenen Menschen und findet immer neue Räume des Erlebens. Am stärksten aber werden Gefühle durch die Kraft der Liebe angesprochen. Die Fähigkeit zum Erleben öffnet den Menschen allerdings auch für das Leid. Aus dem Kelch des Lebens fließen nicht nur angenehme Schwingungen.

Die Kelch-As oder Kelch-1 symbolisiert wie jede Zahl *EINS* eine allumfassende Fähigkeit des Menschen. Hier ist es die Gabe zu lieben und zu empfinden.

Aussage

Ich habe Empfindungen, ich habe Gefühle, ich bin liebesfähig
Gefühle sind natürlich
Ich habe ein Recht auf meine Gefühle
Ich bin verletzbar

Spielkarten

Herz-As, Herz-1

Anmerkungen zur Karte Kelch-As oder Kelch-1

Kelch-As im Famira-Tarot

Auf Famiras Karte sind Kelch und Blüte stilisierter.

Kelch-As im Waite-Tarot

Eine Taube legt eine Hostie mit einem Kreuz in den überströmenden
Kelch. Aus ihm fließt das Wasser in einen Lotusteich. Das Bild symbolisiert das Geschenk der göttlichen Liebe.

Kelch-As im Crowley-Tarot

Der Kelch erhebt sich aus einer weißen Lotusblüte und wird von einem Lichterkranz überstrahlt. Durch die Mitte wächst ein gleißender Lichtstrahl. Für Crowley ist die Karte ein Ausdruck allumfassender Liebe.

Zur Farbgebung der Karte

Bei Waite ist der Kelch gelb, bei Crowley blau. Gelb (Gold) ist die Farbe des Lichtes, Blau symbolisiert das empfangende Prinzip. Für die Farbgebung des Famira-Tarots kann man entweder diese Farben Blau und Gelb wählen oder seine eigene Farbmischung entwickeln.

Kelch-2

Kelch-2

Element: Wasser

Wenn ich einem anderen, empfindsamen und offenen Menschen begegne, kann Liebe geschehen. Liebende öffnen ihre Herzen, die Gefühle fließen von einem (Kelch) zum anderen. Eine neue Einheit entsteht, die jeden einzelnen Menschen zugleich erfaßt.

Ob eine solche Begegnung zur großen ›Love-story‹ wird oder zum Flirt für einen kurzen Augenblick, entscheiden die anderen Karten. Denn die *ZWEI* beinhalten immer auch den Zwei-fel und verschiedene Möglichkeiten. So verweist die Kelch-2 eher auf einen möglichen Beginn einer Liebe. Oder sie will dem Tarot-Spieler sagen, daß er mit einem anderen Menschen auf gleicher Wellenlänge schwingt.

Manchmal verweist die Karte auch darauf, daß wir einem anderen Menschen näher stehen als wir selbst glauben. Sogar für eine Person, die wir mit unserem Bewußtsein ablehnen, kann manchmal die Kelch-2-Karte aufgedeckt werden. Das bedeutet dann immer, daß wir in unserem Unbewußten nachforschen sollen, um auch die Gefühle der Zuneigung und Liebe zu entdecken.

Es ist wichtig, die Kelch-2-Karte nicht mit den Liebenden (Trumpfkarte VI) zu verwechseln. Die Trumpfkarten stehen für die Schwingungen der Seele, im Fall der Trumpfkarte VI für die Liebesfähigkeit eines Menschen, während die Karten des Kleinen Arkanums auf eine reale Situation hinweisen.

Aussage

Eine offene Begegnung
Ein Mensch, der so empfindet wie ich
Austausch von Schwingungen
Der Beginn einer Liebe

Spielkarten

Herz-2

Anmerkungen zur Karte Kelch-2

Kelch-2 im Famira-Tarot

Bei Famira wird die Begegnung wieder stilisiert. Über den beiden Kelchen befinden sich zwei große Herzen.

Kelch-2 im Waite-Tarot

Zwei Menschen begegnen sich in großer Zuneigung. Über ihnen schwebt ein beflügelter Adler, darunter ist das Zeichen des Hermes/Merkur, eine doppelte Schlange, die Weisheit und Kommunikation symbolisiert.

Kelch-2 im Crowley-Tarot

Zwei ineinander verschlungene Fische und das fließende Wasser verkünden überströmende Liebe. Das Deutungswort ist ›love‹ oder Liebe.

Zur Farbgebung der Karte

Für die Herzen bietet sich die Farbe Rot an. Die beiden Kelche können wieder blau, gelb oder golden sein.

Kelch-3

Kelch-3

Element: Wasser

Drei Frauen heben die Becher und trinken auf mein Wohl. Die Töchter der Fröhlichkeit, der Liebe und des Glücks tanzen für mich. Ich lebe aus der Fülle heraus und fühle mich geliebt und von anderen Menschen angenommen.

Die Ziffer *DREI* ist eine stabile Zahl, und auch mein Glück und mein Gefühl der Freude ist fest.

Oft verweist die Kelch-3-Karte auf eine feste und stabile Beziehung. Im Unterschied zur *ZWEI,* die nur die Möglichkeit einer Liebe beinhaltet, ist jetzt die gegenseitige Anziehung deutlich und stark. Es geschieht auch nicht selten, daß die Kelch-3 für eine alte, vergangene Partnerschaft aufgedeckt wird, die nach Meinung des Kartenlegers längst überwunden und vergessen ist. Dann deutet die Kelch-3-Karte an, daß tief im Inneren immer noch Verbindungen bestehen, und dem Tarotspieler wird nahegelegt, sich dessen bewußt zu werden. Nur so kann er sich wirklich befreien und eine neue Liebe mit einem anderen Menschen beginnen.

Aussage

Fröhlichkeit, Glück, Festlichkeit
Hülle und Fülle
Ein freudiges Ereignis
Eine Angelegenheit, um die es gut steht
Glück in der Liebe
Eine feste und stabile Beziehung
Tiefe, gefühlshafte Verbindungen zu einem anderen Menschen

Spielkarten

Herz-3

Anmerkungen zur Karte Kelch-3

Kelch-3 im Famira-Tarot

Famiras Bild ist vom Inhalt her der Karte von Waite sehr ähnlich.

Kelch-3 im Waite-Tarot

Drei Frauen tanzen und heben ihre Kelche hoch. Die Natur ist üppig.
Dies könnte der Tanz von Brautjungfern sein oder einfach ein Tanz als
Ausdruck überströmenden Glückes.

Kelch-3 im Crowley-Tarot

Der Eindruck des Fließens verstärkt sich noch. Außerdem sind die Kelche mit Granatäpfeln bedeckt, was ein Hinweis auf das paradiesische Glück einer erfüllten Liebe ist. Das Deutungswort ist ›abundance‹, zu deutsch: Fülle.

Zur Farbgebung der Karte

Bei der Farbgebung sollte man sich ganz vom Gefühl der Freude und überströmenden Liebe leiten lassen.

Kelch-4

Kelch-4

Element: Wasser

Alles geschieht wie im Traum, alles erfüllt sich wie von selbst. Ich sitze einfach da und genieße den Augenblick.

In meinem Glück merke ich gar nicht, daß mir das Leben ein neues Geschenk überreicht. Ich bin viel zu versunken in das, was ich bereits habe, etwas anderes interessiert mich nicht.

Die Ziffer *VIER* ist eine harmonische und in sich abgeschlossene Zahl. Und so fühle ich mich auch: zufrieden, ruhig und ausgewogen.

Aber am Horizont dämmert schon die Wende. Wer satt ist vom Glück, wird leicht selbstgefällig und übersieht, daß die Sichel des Glücksmondes immer schmaler wird.

Die Kelch-4-Karte hat keine eindeutige Aussage. Manchmal verkündet sie Schwierigkeiten für eine bestehende Partnerschaft. Sie kann sogar auf einen offenen oder heimlichen ›Seitensprung‹ eines Partners hinweisen. Dann wieder steht sie für den Wunsch nach einem Kind oder nach der Sehnsucht der Partner, ihre Beziehung auf eine feinere Ebene zu heben. In jedem Falle ist die Kelch-4 eine Mahnung, bewußt und aufmerksam zu sein. Denn die *VIER* besitzt – wie bereits bei den Stab-Karten erwähnt – die Gefahr, daß man zu selbstgefällig wird.

Aussage

Ich ruhe mich auf meinen Lorbeeren aus
Ich lebe meinen ›honeymoon‹
Ich fühle mich zufrieden und ausgewogen
Aber bei entsprechenden Nebenkarten: Ich bin selbstgefällig und verpasse eine Chance
Ein Seitensprung oder eine andere Störung in einer Partnerschaft
Der Wunsch nach einem Kind

Spielkarten

Herz-4

Anmerkungen zur Karte Kelch-4

Kelch-4 im Famira-Tarot

Famira verdeutlicht den Sinn der Karte, indem sie einen jungen Mann schlafend darstellt. Er ist sich seiner drei Kelche im Vordergrund sehr sicher, übergeht aber den vierten Kelch.

Kelch-4 im Waite-Tarot

Bei Waite wird wie auf der Karte Kelch-As einer Gestalt ein neuer Kelch überreicht. Aber der Mann oder die Frau scheinen keinerlei Notiz davon zu nehmen.

Kelch-4 im Crowley-Tarot

Im Unterschied zur Karte Kelch-3 verdunkelt sich der Himmel, und die Kelche verlieren an Schmuck. Das Deutungswort ist ›luxury‹, zu deutsch: Luxus oder Üppigkeit.

Zur Farbgebung der Karte

In der Farbgebung sollte die möglicherweise bedrohliche Veränderung zu Tage treten. Vielleicht, indem man den Himmel dunkler ausmalt als auf den anderen Kelchkarten.

Kelch-5

Kelch-5

Element: Wasser

Drei Kelche sind umgestoßen. Die Töchter des Glücks, der Fröhlichkeit und der Liebe haben mich verlassen. Nur zwei Kelche bleiben mir und damit das Gefühl der Unsicherheit und Un-ein-deutigkeit, ja sogar der Ver-zwei-flung und Enttäuschung.

Die Ziffer *FÜNF* ist eine bewegliche Zahl und eine schicksalhafte Folge der *VIER*. Wer die Aufforderung auf der Ebene der *VIER* verschläft, trägt auf der *FÜNF* die Folgen.

Ich spüre mein verletztes Herz und ich weiß, daß ich mein Leben verändern muß. »The honeymoon is over«, mein »Glücksmond ist versunken«. Aber ich bin nicht verloren. Mein Herz ist nicht nur offen für die angenehmen Schwingungen des Lebens. Es sucht nicht nur das Glück. Es findet sich auch im Schmerz, im dunklen Tau der Nacht.

Die Kelch-5 bedeutet immer die Veränderung einer Partnerschaft, manchmal sogar den ›Anfang vom Ende‹. Die Ursachen dafür liegen in gegenseitiger Mißachtung, eventuell aus dem Gefühl heraus, daß man sich zu sicher ist, wie es auf der vorhergehenden Karte Kelch-4 angedeutet wurde.

Die Gestalt auf dem Bild betrachtet schmerzvoll die drei umgestoßenen Kelche. Doch in den beiden Kelchen im Vordergrund liegt eine Chance. Sie signalisieren die Möglichkeit, sich zu öffnen und in einem vertrauensvollen Neubeginn eine tragfähigere Beziehung aufzubauen.

Aussage

Schmerz, Leid, Trennung, Verlust, Verzweiflung, Enttäuschung
»The honeymoon is over«
Eine Chance für einen Neubeginn

Spielkarten

Herz-5

Anmerkungen zur Karte Kelch-5

Kelch-5 im Famira-Tarot

Auch Famira wählt eine ähnliche Darstellung wie Waite. Am Himmel steht der abnehmende Mond, ein Zeichen, daß sich die Energien zurückziehen. Der vierte Kelch steht hinter ihr. Der fünfte krönt sie und drückt damit aus, daß noch nichts verloren ist.

Kelch-5 im Waite-Tarot

Eine schwarze Gestalt, die über die umgestoßenen drei Kelche sehr betroffen scheint. Hinter ihr stehen noch zwei weitere, gefüllte Pokale.

Kelch-5 im Crowley-Tarot

Die Kelche sind noch einfacher und schmuckloser geworden. Über dem graugrünen Boden erhebt sich ein fast blutroter Himmel. Die Stengel der Seerosen formen ein Pentagramm mit der Spitze nach unten, ein Zeichen, daß die Energien sich nicht mehr erheben, sondern absinken. Das Deutungswort heißt ›disappointment‹: Enttäuschung

Zur Farbgebung der Karte

Auf dieser Karte sollten die dunklen und bedrohlichen Farbtöne überwiegen. Man könnte sogar den Himmel schwarz ausmalen, damit sich die schmale Mondsichel deutlich abhebt.

Kelch-6

Kelch-6

Element: Wasser

Ich tauche in die Vergangenheit, in meine Kindheit. Ich suche die Zeit, in der ich glücklich und unbeschwert war. Ich suche Trost.

Erinnerungen können glücklich machen, und sie können Schmerz bereiten. Sie bringen die Zuversicht und Unschuld der Kindheit und die Sehnsucht nach dem verlorenen Paradies. Die Vergangenheit ist nie wirklich vergangen. Sie bestimmt mein gesamtes Leben. Das Kind in mir ist viel mächtiger als ich denke. Es braucht seinen Raum, und wenn ich es unterdrücke, beginnt es, mich zu bedrücken. Solange ich mich nicht in ihr verliere, ist meine Kindheit wie eine Quelle, aus der ich Freude und Trost schöpfen kann.

Die Ziffer *SECHS* folgt der Zahl *FÜNF* und bietet die Möglichkeit, das, was auf der Stufe der *VIER* versäumt wurde, wieder zurückzugewinnen: die Harmonie einer liebevollen Partnerschaft.

Oft suchen Menschen, die sich durch ein Problem entzweit haben, Trost in der Erinnerung. Sie sagen: »Laß uns von vorne beginnen«, oder: »Geben wir uns noch einmal eine Chance.«

In der Zahl *SECHS* ist auch die Zahl *DREI* zweimal enthalten, und so gründet der Versuch, alles von vorne zu beginnen, auf einer soliden Basis. Das Kind in uns ist immer bereit für ein neues Spiel.

Aussage

Regression
Das Kind im Menschen
Ich erinnere mich an meine Kindheit
Ein neuer Anfang
Ich darf mich nicht in der Vergangenheit verlieren

Spielkarten

Herz-6

Anmerkungen zur Karte Kelch-6

Kelch-6 im Famira-Tarot

Auf der Karte von Famira spielt ein Kind mit einem Auto. Die Fahrbahn wird von sechs Kelchen eingerahmt. Die Aussage ist daher einfach und deutlich: Kindheit, Erinnerung und Spiel.

Kelch-6 im Waite-Tarot

Das Bild ist nicht eindeutig zu interpretieren. Es scheinen sich zwei Kinder mit Blumen gegenseitig zu beschenken, aber genausogut könnten es Zwerge oder auch Kinder, die sich als Erwachsene verkleidet haben, sein.

Kelch-6 im Crowley-Tarot

Die Lotusblüten sind wieder geöffnet, und die Kelche besitzen wieder mehr Glanz. Das Deutungswort ist ›pleasure‹, zu deutsch: Genuß.

Zur Farbgebung der Karte

Grün als Farbe der Hoffnung und Gelb als Farbe der Klarheit und Leichtigkeit können die Aussagekraft der Karte verstärken.

Kelch-7

Kelch-7

Element: Wasser

Ich kann in meiner Vergangenheit Trost finden, aber ich kann mich auch in ihr verlieren. Genauso ist es mit der Phantasie. Sie trägt mich in das Land der unbegrenzten Möglichkeiten, aber auch in das Reich der Illusion. Die Phantasie befreit den Menschen aus der Bitterkeit des Lebens, und sie verleitet ihn zur Flucht aus der Wirklichkeit.

Die Ziffer *SIEBEN* ist die Zahl der Magie und der unbegrenzten Möglichkeiten. In der Phantasie existieren Räume, die fast unerschöpflich sind.

Die Aussagen der Karte Kelch-7 sind so vieldeutig wie die Darstellung selbst. Sie fordert uns dazu auf, in der Phantasie einen Weg zur Lösung von partnerschaftlichen Schwierigkeiten zu finden. Die Partner könnten zueinander sagen: »Es stehen uns doch so viele Möglichkeiten offen...«

Besonders Künstler verweist die Karte auf ihr schöpferisches Potential. Genauso kann die Karte eine Welt aus Schall und Rauch bedeuten. Manchmal zeigt sie den Konsum von Drogen oder zuviel Alkohol an. Man sollte also immer die anderen Karten, die neben der Kelch-7 aufgedeckt werden, berücksichtigen und im Gespräch vorsichtig versuchen, eine angemessene Deutung der Kelch-7 zu finden.

Aussage

Die Bedeutung bei günstigen Nebenkarten:
Große Schöpferkraft, Phantasie, ungeahnte Möglichkeiten
Kraft des Unbewußten, schöpferische Träume, Kunst und Kreativität
Für Partnerprobleme: Ein schöpferischer Neubeginn
Die Bedeutung bei ungünstigen Nebenkarten:
Einbildung, Trug, Realitätsverlust, Flucht aus der Wirklichkeit, Rausch

Spielkarten

Herz-7

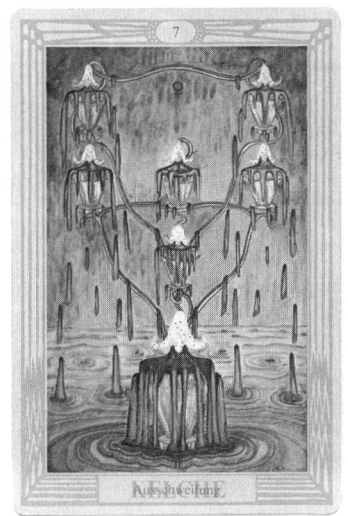

Anmerkungen zur Karte Kelch-7

Kelch-7 im Famira-Tarot

Famira zeigt nur sieben Kelche, die über den Wolken schweben und somit in die Welt der Phantasie oder Illusion entrückt sind.

Kelch-7 im Waite-Tarot

Ein Magier zaubert Illusionen, Visionen oder Halluzinationen. Das ganze Bild scheint unwirklich und entrückt.

Kelch-7 im Crowley-Tarot

Giftgrüne Tropfen rinnen an den verkümmerten Lotusblüten und Stengeln herab. Das Deutungswort ist ›debauch‹, zu deutsch: Ausschweifung. Diese Bezeichnung ist sicher irreführend. Für Crowley gab es keine negativen Folgen einer leidenschaftlichen Lebensführung. Crowley selbst betrachtet die Karte als Sinnbild eines schulderfüllten Gewissens.

Zur Farbgebung der Karte

Da die Karte Traumwelt und Kreativität widerspiegelt, ist es für ihre Gestaltung besonders wichtig, in der eigenen Phantasie nach den geeigneten Farben zu forschen.

Kelch-8

Kelch-8

Element: Wasser

Karg ist das Land und dunkel mein Herz. Ich kehre den acht Kelchen den Rücken zu. Ich nehme Abschied und beginne eine Reise mit unbekanntem Ziel.

Vielleicht, weil ich das Glück verloren habe, oder weil mich gerade jetzt das Leben in eine andere Richtung zieht. Vielleicht auch, weil ich – wie der Mond – nach der Fülle die Leere suche.

Die Ziffer *ACHT* ist unendlich und in sich abgeschlossen zugleich. Der Schwung der ›8‹ nimmt immer die gleiche Bahn. Vielleicht ist es diese endlose Wiederholung, die Monotonie der Gewohnheit, aus der der Mensch immer wieder ausbrechen muß, suchend, zu neuen Ufern, den Schmerz des Abschieds noch im Herzen.

Die Karte verweist immer auf einen existentiellen Abschied und damit auch Neubeginn. In den allermeisten Fällen handelt es sich dabei um partnerschaftliche Trennungen. Nach den Versuchen, sich aus der Kindheit Trost zu holen (Kelch-6) und kraft der Phantasie alte Wunden zu heilen (Kelch-7), ist jetzt die Einsicht vorhanden, sich aus der Beziehung zu lösen – vielleicht immer noch in der Hoffnung, irgendwann die gemeinschaftliche Basis zurückzugewinnen.

Aussage

Schmerz, Abschied, Trennung, Verzicht
Eine Liebe, die nicht gelebt werden kann
Ein Glück, das mich nicht mehr erfüllt
Die Suche nach neuen Ufern
Bereitschaft zu einem echten, existentiellen Neubeginn
Gefühl von Melancholie und Schwermut

Spielkarten

Herz-8

 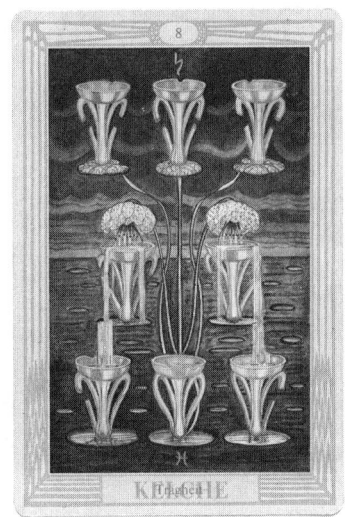

Anmerkungen zur Karte Kelch-8

Kelch-8 im Famira-Tarot

Diese Karte hebt besonders deutlich den Abschied und den Beginn einer langen Reise heraus.

Kelch-8 im Waite-Tarot

Bei Waite entfernt sich eine Gestalt von den acht Kelchen und scheint eine Reise anzutreten. Obgleich der Mond nur aus einer Sichel besteht, zeigt er dennoch ein vollständiges Gesicht. Vielleicht ist dies ein Hinweis, daß es sich um eine letzte und wichtige Reise handelt.

Kelch-8 im Crowley-Tarot

Die Henkel der Kelche sind zerbrochen. Die Landschaft und der Himmel sind düster. Das Deutungswort heißt ›indolence‹, zu deutsch: Trägheit. Aber das Wort drückt nur teilweise den Charakter der Stagnation und Schwere aus, welchen das Bild widerspiegelt.

Zur Farbgebung der Karte

Auch auf dieser Karte dürfen die dunklen und bedrohlichen Farbtöne überwiegen. Aber die Farbgebung sollte auch die Hoffnung auf einen Neuanfang widerspiegeln.

Kelch-9

Kelch-9

Element: Wasser

Aus der Leere wächst die Fülle: Ich habe das Glück gefunden, nach dem ich mich immer gesehnt habe, und ich zeige allen anderen meine Freude. Eigentlich habe ich jetzt alles, was ich brauche. Ich kann mich ausruhen, nichts ist zu tun.

Die Ziffer *NEUN* ist eine stabile Zahl (3×3), und voll Stärke und voll Zuversicht blicke ich in die Zukunft.

Die Zahl *NEUN* steht aber auch kurz vor der Vollendung, und oft geben sich Menschen schon zufrieden, wenn sie kurz vor ihrem Ziel stehen.

»Jetzt habe ich doch schon alles, und das letzte Stück schaffe ich allemal.« In dieser Selbstgefälligkeit liegt der Keim zum Selbstbetrug.

So verweist die Karte einerseits auf die Freude über den inneren Reichtum, aber sie mahnt auf der anderen Seite auch, den letzten Kelch nicht zu vergessen. Erst mit zehn Kelchen ist die Freude vollkommen. Den letzten Kelch aber kann man sich nicht selbst verdienen. Er ist das liebevolle Geschenk eines anderen Menschen.

Aussage

Zuversicht, Gesundheit, Zufriedenheit
Lohn für meine Mühe
Ich kann mich sehen lassen
Bei entsprechenden Nebenkarten:
Selbstgefälligkeit, Erstarrung
Der Schein vom erfüllten Leben

Spielkarten

Herz-9

Anmerkungen zur Karte Kelch-9

Kelch-9 im Famira-Tarot

Neun Kelche und ein Lorbeerkranz verraten Glück, Freude und Zuversicht.

Kelch-9 im Waite-Tarot

Ein Mann sitzt inmitten seiner Kelche. Er sieht fröhlich und selbstgefällig aus. Seine Armhaltung verrät Reichtum.

Kelch-9 im Crowley-Tarot

Jetzt erstrahlen die Kelche wieder in einem violetten Glanz, die Lotusblüten sind geöffnet und behüten das fließende Wasser. Das Deutungswort ist ›happiness‹, zu deutsch: Freude oder Glück.

Zur Farbgebung der Karte

Das Bild kann eine Mischung aus den Farben Blau (Glaube und Gefühl), Rot (Kraft und Begeisterung), Gelb (Klarheit und Licht) und Grün (Kreativität und Wachstum) sein.

Kelch-10

Kelch-10

Element: Wasser

Wieder bin ich am Ende einer Reise, habe eine weitere Ebene menschlicher Verwirklichung durchlebt.

Die Ziffer *EINS* erfüllt sich in der Zahl *ZEHN*. Sie findet ihren Abschluß, ihre Erlösung.

Ich bin angekommen, und dieses Mal wendet sich das Leben nicht gegen mich (wie bei der Stab-10), sondern es beschenkt mich mit einem goldenen Regenbogen.

Dieses Gefühl keimt im Urbild der Familie, und es blüht dort, wo Menschen sich mit offenem Herzen begegnen und zusammenleben.

Die Karte verweist auf alle Glücksumstände des Lebens, besonders aber im zwischenmenschlichen Bereich.

Während die Stab-Karten ihre größte Kraft auf den Karten Stab-6 und Stab-7 entwickeln, verläuft bei den Kelch-Karten der Prozeß umgekehrt: Bei den Karten Kelch-6 bis Kelch-8 durchschreitet der Mensch ein Tal und vollendet sich bei der Kelch-10. Würde man die Intensität der zehn Karten in Form einer Kurve wiedergeben, dann würden die Stäbe, bei Stab-1 beginnend, einen Bogen nach oben ziehen, die Kelch-Karten dagegen einen Bogen nach unten. Beide Kurven übereinander gelegt ergeben einen Kreis. Das männliche Prinzip (die Stäbe) und das weibliche Prinzip (die Kelche) ergänzen sich, sind gegenläufig, entfernen sich voneinander und finden schließlich wieder zueinander zurück.

Aussage

Freude, ein Fest, Vollendung
Ich bin angekommen, bin zu Hause
Eine Gemeinschaft, die mich trägt
Eine wichtige Freundschaft, eine außergewöhnliche Liebe

Spielkarten

Herz-10

 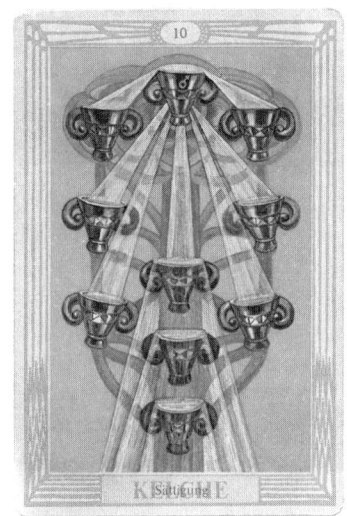

Anmerkungen zur Karte Kelch-10

Kelch-10 im Famira-Tarot

Für Famira ist ein großer Regenbogen mit zehn Kelchen Sinnbild des Glücks.

Kelch-10 im Waite-Tarot

Waite greift zum Sinnbild der heil(ig)en Familie, um das Gefühl vollkommenen Glücks zu zeigen.

Kelch-10 im Crowley-Tarot

Hinter den zehn Kelchen erkennt man den heiligen Lebensbaum. Die rote Farbe des Hintergrundes zeugt von Kraft und Vitalität. Auch manche Kelche werden wie von einer Kraft zur Seite gedrückt. Das Deutungswort heißt ›satiety‹, zu deutsch: Sattheit, aber auch Überdruß. Diese doppelte Bedeutung resultiert daraus, daß für Crowley die Zahl Zehn positiv und negativ sein kann.

Zur Farbgebung der Karte

Diese Karte kann völlig aus einem inneren Gefühl der Freude heraus ausgemalt werden.

Schwert-Karten

Element: Luft

Synonyme: keine

Englisch: Sword

Spielkarten: Eichel, Kreuz

Assoziationen

Luft – Gedanken – Intellekt – Urteil – Verurteilung – Entscheiden – Trennen – Auseinandersetzung – Verkopfung – Leid – Karma – Reflexion – Zerstörung – Kampf – Neid – Eifersucht – Gier – Verdrängung – Flucht – Opfer – Erlösung

Schwert-As

Schwert-As

Element: Luft

Ich erhalte ein gekröntes Schwert und damit die Fähigkeit zur Erkenntnis. Das Schwert ist ein Symbol für unseren Verstand; es schneidet, trennt, ist scharf, teilt, kann verletzen und symbolisiert Gerechtigkeit. Der Verstand trennt, analysiert, ist klar, unterscheidet, kann verletzen und die Wahrheit verkünden.

Das Schwert bringt Segen und Fluch zugleich. Durch die Kraft des Schwertes erhebt sich der Mensch über seine animalische Natur; er kann erkennen. Damit wird er aber auch in sich selbst gespalten: Er reflektiert über sich, ist Subjekt und Objekt zugleich und verliert damit seine paradiesische Einheit und Unschuld. Adam und Eva, die sich am ›Baum der Erkenntnis‹ vergriffen haben, müssen den Garten Gottes verlassen. Sie beginnen ihre lange Reise durch die Welt der Menschen, einer Welt des Urteilens, Verurteilens, Zweifels und der Verzweiflung. Es ist aber auch das Reich des Wissens, der Weisheit und der Erlösung aus menschlicher Verirrung.

Die Ziffer *EINS* oder das As verkörpert wieder das Eine, in dem alles ist. Mit der Gabe des Geistes kann ich sowohl die Wahrheit suchen, als sie auch bekämpfen. Mein Geist besitzt − genau wie das Schwert − zwei Seiten. Es hängt von mir selbst ab, wie ich damit umgehe.

Aussage

Günstige Bedeutung: Die Kraft klarer Gedanken
Entscheidung, Erkenntnis, Klugheit und Umsicht
Ungünstige Bedeutung: Verhärtung, Verkopfung, Streitlust, Rechthaberei

Spielkarten

Kreuz-As, Eichel-As

Anmerkungen zur Karte Schwert-As oder Schwert-1

Schwert-As im Famira-Tarot

Die Famira-Karte ist nahezu identisch mit der Darstellung von Waite.

Schwert-As im Waite-Tarot

Wie jede andere As-Karte wird auch das gekrönte Schwert aus dem Himmel überreicht. Es ist von immergrünen Pflanzen umrankt, ein Hinweis auf die ewige Kraft des Geistes.

Schwert-As im Crowley-Tarot

Der Schwertgriff besteht aus zwei Monden und einer Schlange. Dies ist ein Ausdruck dafür, daß unbewußte Kräfte (der Mond) durch Transformation (die Schlange) ins Bewußtsein gelangen können. Das Wort auf der Schwertklinge kommt aus dem Griechischen und bedeutet Klarheit.

Zur Farbgebung der Karte

Für die Schwertkarten eignen sich besonders die Farben Rot (Kraft des Geistes) und Gelb (Licht, Klarheit). Entsprechend der Aussage der einzelnen Karten können die Farbtöne dunkler oder heller aufgetragen werden. Das Schwert-As symbolisiert die menschliche Fähigkeit zu geistiger Größe. Die Farben sollten hell und klar sein.

Schwert-2

Schwert-2

Element: Luft

Die Gabe zu denken bringt mir auch die Aufgabe der Entscheidung. Damit muß ich abwägen und mich festlegen. Ich muß für das, was ich tue, Verantwortung übernehmen.

Die Ziffer *ZWEI* beinhaltet den Zweifel und die Ver-zwei-flung. Ich schütze mich vor möglichen Angriffen und verberge dahinter nur meine Unsicherheit und Verletzlichkeit. Ich werde mißtrauisch und kritisch.

Ich sollte meine Augen öffnen und der Verantwortung ins Gesicht sehen.

Die Karte zeigt auf wundervolle Weise die Doppelbödigkeit unseres Intellekts: Auf der einen Seite demonstriert die Gestalt, daß sie ohnmächtig ist, daß sie nichts sieht und sich daher auch nicht entscheiden kann. Auf der anderen Seite trägt sie zwei scharfe Waffen (ihr geistiges Potential) und verrät durch die verbundenen Augen, daß sie wahllos um sich schlagen kann.

Die Karte drückt eine Phase der Verwirrung, aber auch einer unbewußten und manchmal sogar einer absichtlichen Irreführung aus.

Die Karte taucht auf, wenn sich ein Mensch nicht entscheiden kann, weil damit bedrohliche Verluste verbunden sind, beispielsweise, wenn sich ein Kind zwischen Vater und Mutter entscheiden soll.

Aussage

Zweifel, zweifelhafte Situation
Quälende Entscheidungsunfähigkeit
Selbstschutz, Angst vor Verletzlichkeit
Spiel mit den Waffen des Intellekts
Doppeltes Spiel, Negation, Doppelzüngigkeit

Spielkarten

Kreuz-2, Eichel-2

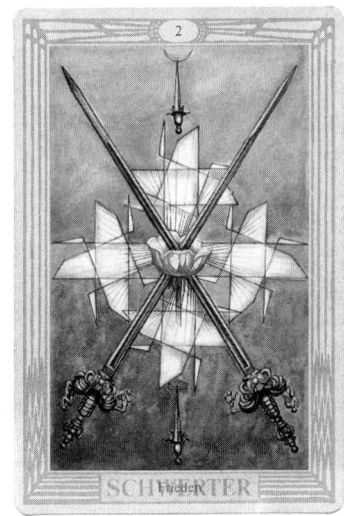

Anmerkungen zur Karte Schwert-2

Schwert-2 im Famira-Tarot

Identische Darstellung wie bei Waite.

Schwert-2 im Waite-Tarot

Eine Frau sitzt mit verbundenen Augen am Meer. Sie wirkt friedlich, aber die beiden Schwerter signalisieren auch Gefahr.

Schwert-2 im Crowley-Tarot

Zwei überkreuzte Schwerter durchstoßen eine Rose. Die Stimmung ist friedlich und leicht. Das Deutungswort der Karte heißt ›peace‹, zu deutsch: Frieden. Dieses Wort streicht den positiven Gehalt der Karte zu einseitig heraus. Hinter dem Frieden verbirgt sich eindeutig auch die Schwäche, sich nicht entscheiden zu können.

Zur Farbgebung der Karte

Die Schwert-2-Karte ist eine der positiveren Karten innerhalb der Schwert-Reihe. Das sollte man bei der Farbgebung durch freundliche, helle Farben berücksichtigen.

Schwert-3

Schwert-3

Element: Luft

Mein Herz ist dreifach durchbohrt, ich erfahre tiefes Leid und beginne die Reise durch einen inneren Tod. Ich zweifle an mir und verliere jede Achtung vor mir. Es ist, als gäbe es einen Kampf, in dem ich vernichtet werden soll.

Von früh auf begegnet der Mensch der Logik der Schwerter. Jedes Gebot, jedes Verbot, jedes ›Du sollst!‹ oder ›Du mußt!‹ bohrt sich in das Herz, und manchmal bleiben die Narben ein ganzes Leben lang erhalten. Die Ziffer *DREI* ist die stabilste Zahl. Das dreifach durchbohrte Herz ist zutiefst verletzt, und die Schmerzen scheinen kein Ende nehmen zu wollen.

Die Karte verkündet immer von seelischen Krisen. Oft verweist sie auf solche Wunden, die durch die Trennung eines geliebten Menschen verursacht wurden. Der Verstand verarbeitet einen Trennungsschmerz in aller Regel durch eine zerstörerische Selbstanklage und Verurteilung. Weil man verlassen wurde, ist man ›nicht liebesfähig‹, ›unwürdig‹ und ›nicht wert zu leben‹. Man vergißt dabei, daß man es selbst ist, der diese Sätze und Worte ausspricht.

Taucht die Karte auf, ist es notwendig, den Schmerz aufzuarbeiten und dabei die Dynamik der Selbstverurteilung bewußt zu machen. In aller Regel braucht es dafür einen Berater, weil man sich selbst in diesem Prozeß zu leicht verliert.

Aussage

Trauma, existentielle Enttäuschung
Tiefe Verletzung, Tränen, Schmerz
Verzweiflung am Leben, Liebeskummer
Trennungsschmerz
Narben uralter Verletzungen

Spielkarten

Kreuz-3, Eichel-3

Anmerkungen zur Karte Schwert-3

Schwert-3 im Famira-Tarot

Famiras Karte ist identisch mit der von Waite.

Schwert-3 im Waite-Tarot

Unter einem grauen Regenhimmel wird ein rotes Herz von drei Schwertern durchbohrt.

Schwert-3 im Crowley-Tarot

Ein mächtiges Schwert trifft mit der Spitze auf zwei gebogene Schwerter. Die Rose wird dabei zerstört. Die Farben künden von Trauer, Schmerz und Schwermut. Das Deutungswort ist ›sorrow‹, zu deutsch: Sorgen.

Zur Farbgebung der Karte

Bei der Farbgebung der Karte Schwert-3 sollte man versuchen, eigene Erfahrungen und Stimmungen von Schwermut und Trauer in das Bild einfließen zu lassen.

Schwert-4

Schwert-4

Element: Luft

Ich bin so tief über die Grausamkeit des Lebens verzweifelt, daß ich mich in meine innerste Einsamkeit flüchten muß. Ich durchlebe einen Tod und suche ein neues Verhältnis zum Leben.

Die Ziffer *VIER* ist in sich abgeschlossen. Hier bedeutet sie den Rückzug und die Abgeschiedenheit von der Außenwelt.

Wenn der Mensch durch das Leid geht, es tief in sich eindringen läßt, opfert er immer auch ein Stück seiner unbeschwerten Lebendigkeit, seiner kindlichen Natürlichkeit. Er erhält dadurch immer tiefere Einsicht in das Leben, er wird lebenserfahren und weise.

Die Karte verweist auf eine heilsame Phase der Selbstfindung innerhalb einer Krise. Allerdings kann sich diese Periode in eine Depression ausweiten. Das Gespräch mit einem Freund oder einem Berater kann daher sehr hilfreich sein.

Manchmal steht die Karte auch für Menschen, die absichtlich der Welt des Intellekts den Rücken kehren, z. B. weil sie erfahren haben, wie verletzend die Menschen miteinander umgehen. Dann ist es immer wichtig zu erkennen, daß auch die Schwerter ein natürlicher Bestandteil des Lebens sind. Der Mensch kann sich aus einer feindlichen Welt nicht zurückziehen, er nimmt die Schwerter immer mit, benützt sie vielleicht nur sublimer und heimtückischer.

Aussage

Die verletzte Seele sucht die Einsamkeit
Der Rückzug von der Außenwelt
Verzicht, Opfer
Zeit der Reinigung, des Fastens

Spielkarten

Kreuz-4, Eichel-4

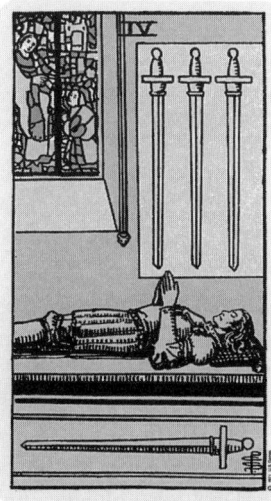 

Anmerkungen zur Karte Schwert-4

Schwert-4 im Famira-Tarot

Eine Gestalt in einem Verlies, sie schaut zum Licht, welches durch ein kleines Fenster dringt. Die Schwerter wirken bedrohlich.

Schwert-4 im Waite-Tarot

Ein Ritter liegt aufgebahrt auf einem Sarkophag in einer Kirche. Es ist nicht erkennbar, ob er tot oder nur schlafend ist. Drei Schwerter sind mit ihren Spitzen auf den Liegenden gerichtet. Das vierte Schwert befindet sich unter dem Ritter. Die Karte deutet auf Rückzug, tiefes Gebet oder auf einen totenähnlichen Schlaf hin.

Schwert-4 im Crowley-Tarot

Vier Schwerter treffen mit der Spitze genau aufeinander. Es entsteht ein Gleichgewicht der Kräfte. Um die Schwerter deuten wirre Linien Chaos und Kampf an. Das Deutungswort ist ›truce‹. Zu deutsch heißt dieses Wort Waffenstillstand oder Burgfriede. Gemeint ist ein Zustand von Ruhe im Zentrum eines Sturmes.

Zur Farbgebung der Karte

Bei der Farbgebung der Schwert-4 kann man die dunkelsten Farbtöne einsetzen. Die Karte darf bedrohlich und düster wirken.

Schwert-5

Schwert-5

Element: Luft

Ich erkenne, daß auch ich zum Schwert greifen muß, ich suche den Kampf, und ich gewinne die Auseinandersetzung. Aber es ist ein Pyrrhussieg!

Sieger und Besiegte sind gleichermaßen geschlagen, der Schmerz ist nur noch größer geworden.

Die Ziffer *FÜNF* ist eine bewegliche Zahl, und die Gedanken an sich sind leicht und beweglich wie Luft. Mit ihrer Hilfe können wir uns verständigen und uns begegnen. Sie gestalten sich zum Lied und zum vollendeten Gedicht.

Aber eine Meinungsverschiedenheit hat den Gedanken ihre Leichtigkeit genommen und sie zu stählernen Waffen geschmiedet, um recht zu behalten, um das Gesicht zu wahren.

Aber wie ich anderen begegne, so begegne ich auch mir selbst. Wenn ich dich kritisiere, dann bin ich auch mir selbst gegenüber kritisch, und wenn ich dich verurteile, dann lege ich den gleichen Maßstab auch an mich selbst.

Die Ziffer *FÜNF* ist auch eine karmische, schicksalhafte Folge der Zahl *VIER*. Wer sich auf der Stufe der *VIER* zurückzieht, weil er dem Lebenskampf ausweichen möchte, muß auf der Ebene der *FÜNF* mit noch schwereren Bedingungen leben.

Die Karte benennt immer Auseinandersetzungen zwischen Menschen, bei denen jeder glaubt, daß er selbst im Recht ist und nur durch den anderen in ein existentielles Unrecht gestürzt wird.

Aussage

Ein Pyrrhussieg, trauriger Triumph
Gemeinheit und Hinterlist
Beleidigung, Verrat
Arroganz des Intellekts

Spielkarten

Kreuz-5, Eichel-5

Anmerkungen zur Karte Schwert-5

Schwert-5 im Famira-Tarot

Die Karte von Famira zeigt geharnischte Kämpfer, die in einen endlosen Streit verwickelt sind. Die Rüstungen sind ein Zeichen dafür, daß niemand bereit ist, nachzugeben.

Schwert-5 im Waite-Tarot

Ein Krieger scheint einen Kampf gewonnen zu haben. Er trägt die Waffen der Besiegten. Aber der dunkle Himmel verkündet keinen Sieg, sondern einen endlosen Kampf. Die Fortsetzung der Auseinandersetzungen wird auch durch die zwei Schwerter in der linken Hand ausgedrückt. Denn die Zahl *ZWEI* verweist immer auf Zwei-fel.

Schwert-5 im Crowley-Tarot

Vier verbogene und angebrochene Schwerter mit herzförmigen Bluttropfen treffen mit den Spitzen aufeinander. Die Blutspur formt ein Fünfeck (Pentagramm) mit der Spitze nach unten. Das ist ein Zeichen, daß die Energie schwer wird und sich verliert. Das Deutungswort ist ›defeat‹, zu deutsch: Niederlage.

Zur Farbgebung der Karte

Auch auf dieser Karte darf das Dunkle und Düstere überwiegen.

Schwert-6

Schwert-6

Element: Luft

Ich verheimliche einen Konflikt und versuche, ihn aus der Welt zu schaffen. Ich möchte das ewige Streiten beenden und suche nach einem Ausweg und nach einem neuen Anfang.

Ob mir das gelingt, ist eine andere Sache, denn die Schwerter bleiben im Boot und werden nicht ins Wasser geworfen, und können so wieder zu gefährlichen Waffen werden.

Die Ziffer *SECHS* ist eine stabile Zahl (zweimal die Zahl *DREI*) und eine schicksalhafte Folge der Ziffer *FÜNF*. Dies bedeutet, daß die Auseinandersetzungen durch eine Phase der Beruhigung unterbrochen werden. Für eine Zeitlang soll Frieden herrschen.

Die Karte steht oft für Situationen, in denen Neutralität wichtig ist, beispielsweise, wenn man einen Konflikt sachlich und ohne Emotionen angehen will. So kann die Karte auch als Schiedsspruch einer außenstehenden Person gelten.

Bei der positiven Absicht, welche die Karte verrät, darf man aber nicht vergessen, daß die Schwerter mit der Spitze nach unten in ein Boot gestoßen sind. Die Gefahr, daß ›das Boot leckt‹, ist unübersehbar. So drücken die Gestalten im Boot auch eine Opferhaltung aus.

Aussage

Ein Konflikt soll aus der Welt geschafft werden
Eine Veränderung, die nicht unbedingt etwas verändert
Ein neuer Lebensabschnitt, der das Alte in sich trägt
Eine Reise über das (große) Wasser, mit neuen Hoffnungen und alten Ängsten
Opferhaltung

Spielkarten

Kreuz-6, Eichel-6

Anmerkungen zur Karte Schwert-6

Schwert-6 im Famira-Tarot

Bei Famira sitzt nur eine Frau im Boot. Der Eindruck der Schwere ist deutlicher als bei Waite.

Schwert-6 im Waite-Tarot

Drei Personen und sechs Schwerter befinden sich in einem Boot, das auf dem offenen Wasser treibt. Der Ausdruck der verhüllten Personen verrät Trauer und Schmerz.

Schwert-6 im Crowley-Tarot

Sechs Schwerter stoßen mit den Spitzen aufeinander. Der Hintergrund ist von windrosenartigen Gebilden ausgefüllt. Die Karte verkündet einerseits Leichtigkeit, auf der anderen Seite ist sie, wie jede Schwert-Karte, ein Ausdruck des kämpferischen Intellekts und damit keine Garantie für einen echten Frieden. Das Deutungswort ist ›science‹, zu deutsch: Wissenschaft.

Zur Farbgebung der Karte

Diese Karte ist nicht nur dunkel und bedrohlich wie die Schwert-Karten drei, vier und fünf. In der Farbgebung sollte dies durch hellere Farbe des Wassers oder des Himmels zum Ausdruck kommen.

Schwert-7

Schwert-7

Element: Luft

Dies ist ein anderer Versuch, das ewige Streiten zu beenden. Ich entwaffne den Feind durch eine listige und geistreiche Attacke. Dadurch scheint der Friede wieder hergestellt zu sein.

Die Ziffer *SIEBEN* bringt Magie oder übernatürliche Kräfte ins Spiel. Wie Odysseus durch eine tollkühne List Troya eroberte, wird auch hier der Gegner überrumpelt.

Aber zwei Schwerter bleiben zurück und damit auch der Zweifel, ob dieser Schachzug den Kampf wirklich beenden kann.

Steht die Karte für den Tarotspieler selbst, so zeigt sie seine vorübergehende Überlegenheit. Er darf sich aber noch nicht als endgültigen Gewinner bezeichnen. Steht die Karte gegen ihn, so muß er mit einer List eines anderen Menschen rechnen.

Wie bei der Kelch-7 ist es daher wichtig, weitere Karten aufzudecken, um zu einer klaren Aussage zu gelangen.

Aussage

List, Erfindungsgabe, Schläue
Eine witzige und geistreiche Überrumpelung
Ein Eulenspiegelstreich
Die List des Odysseus
Für eine klare Aussage sind weitere Karten aufzudecken

Spielkarten

Kreuz-7, Eichel-7

Anmerkungen zur Karte Schwert-7

Schwert-7 im Famira-Tarot

Auf dieser Version wirkt der Kämpfer mit den fünf Schwertern bedrückt und schwer. Dadurch wird die Wahrscheinlichkeit eines negativen Ausgangs der Aktion betont.

Schwert-7 im Waite-Tarot

Ein Mann stiehlt sich mit fünf Schwertern davon. Er strahlt List und Überlegenheit aus. Aber es bleiben zwei Schwerter zurück und damit der Zwei-fel.

Schwert-7 im Crowley-Tarot

Ein großes Schwert wird durch sechs andere Schwerter bedrängt. An der Spitze des zentralen Schwertes steht der Mond, ein Zeichen dafür, daß sich das Unbewußte und Unsichere gegenüber dem Klaren durchsetzen will. Das Deutungswort ist ›futility‹, zu deutsch: Vergeblichkeit.

Zur Farbgebung der Karte

Aus der Farbgebung sollte die Hoffnung genauso ersichtlich werden wie die Zweifel. Grün und Gelb könnten die Hoffnung ausstrahlen. Lila und dunkle Farben den Zweifel.

Schwert-8

Schwert-8

Element: Luft

Das Blatt hat sich gewendet. Jetzt bin ich geschlagen und fühle mich elend und gedemütigt. Es ist wie bei einer öffentlichen Verurteilung, und ich komme mir vor, als würde die ganze Welt an meiner Niederlage teilhaben.

Die Ziffer *ACHT* ist Symbol der Unendlichkeit, und grenzenlos ist die Schmach und Schande, der ich mich aussetzen muß.

Jeder Mensch besitzt ein natürliches Gefühl der Scham. Es macht ihn weich und verletzlich, und nichts trifft seine Seele mehr, als wenn dieses kindliche Gefühl mißbraucht wird. Er zieht sich zurück und verschanzt sich hinter einer Mauer aus Angst und Abwehr.

Aber wie bei allen Schwert-Karten darf man bei der Schwert-8 die Eigenverantwortlichkeit nicht übergehen. Die Darstellung zeigt ganz deutlich eine Demonstration von Leid. Die Gestalt ist zwar gebunden, aber in einer Art und Weise, daß sie sich jederzeit befreien könnte. So zeigt die Schwert-8 auch die bewußte oder unbewußte Absicht, sich hilfloser zu geben als man in Wirklichkeit ist. Psychoanalytisch gesehen könnte man sagen, daß die eigene Lust verdrängt wurde und nur noch das erduldete Leid ausgedrückt wird.

Besonders bei der Schwert-8 und den folgenden Karten Schwert-9 und Schwert-10 ist es immer wichtig, die versteckte und verdrängte Eigenverantwortlichkeit durch eine behutsame und ehrliche Selbstanalyse oder ein therapeutisches Gespräch ans Tageslicht zu bringen.

Aussage

Schmach, Schande, Verrat, Verleumdung, öffentliche Verurteilung
Verzweiflung und auch Krankheit
Versteckte und verdrängte Lust
Demonstration von Hilflosigkeit

Spielkarten

Kreuz-8, Eichel-8

Anmerkungen zur Karte Schwert-8

Schwert-8 im Famira-Tarot

Diese Version ist identisch mit der von Waite. Allerdings strahlt die gebundene Frau noch mehr Sinnlichkeit aus. Es soll damit angedeutet werden, daß die Demonstration von Schwäche und Leid auch mit Lust verbunden ist.

Schwert-8 im Waite-Tarot

Eine gebundene Frau steht außerhalb einer Burg, umringt von acht Schwertern. Das Bild wirkt wie eine öffentliche Opferung.

Schwert-8 im Crowley-Tarot

Zwei Schwerter werden durch sechs andere durchkreuzt. Es sieht aus, als gäbe es keine gemeinsame Richtung. Der Hintergrund ist düster und blutig, und verstärkt den Eindruck der Ausweglosigkeit. Das Deutungswort ist ›interference‹, zu deutsch: Einmischung.

Zur Farbgebung der Karte

Da die Frau nicht nur wehrlos ist, sollte man ihr Kleid mit einer offensiven Farbe wie z. B. Rot ausmalen.

Schwert-9

Element: Luft

Schwert-9

Ich finde keine Ruhe mehr. Die Gedanken, die in mir geboren wurden, haben sich verselbständigt und verfolgen mich bis in meine Träume hinein. Sie werden zu Geistern, die mich heimsuchen und quälen. Ich glaube, daß ich endgültig verloren bin.

Die Ziffer *NEUN* ist eine stabile Zahl (dreimal die DREI). Außerdem ist sie die letzte Ziffer vor der *ZEHN* und wird daher oft bereits als Ende erlebt.

Im Tarot stehen alle Schwert-Karten symbolisch für den Kreuzweg des Lebens. Der Mensch, der sich aus der paradiesischen Ureinheit befreit hat, gelangt nur durch einen schmerzvollen Individuierungsprozeß zu seiner eigenen, vollständigen Persönlichkeit. Jede Schwertkarte zeigt eine andere Stufe der Befreiung, aber auch des Schmerzes. Die Schwert-9 bedeutet auf dieser Reise eine Stagnation. Man möchte sich und andere in dem Glauben lassen, daß man seinen leidvollen Weg bereits zu Ende gegangen ist.

Die Schwert-9 ist daher auch die Karte der falschen Märtyrer und Neurotiker, die andere für ihr Leiden verantwortlich machen.

156

Aussage

Alptraum, Nacht der Verzweiflung
Wahnvorstellung
Selbstbeschuldigung
Qual über einen Mißerfolg, über falsches Verhalten
Märtyrertum, leidvolle Selbst-Darstellung

Spielkarten

Kreuz-9, Eichel-9

Anmerkungen zur Karte Schwert-9

Schwert-9 im Famira-Tarot

Wie Waite greift auch Famira zum Bild des Alptraums. Vor ihr liegt aber auch eine Rose, als Zeichen, daß es nur darum geht, die Augen zu öffnen, um zu sehen, was wirklich ist.

Schwert-9 im Waite-Tarot

Ein Mensch ist während eines Alptraums erwacht und fühlt sich immer noch von seinen Visionen verfolgt.

Schwert-9 im Crowley-Tarot

Neun Schwerter mit Blut an den Spitzen zeugen von Grausamkeit und Schmerz. Das Deutungswort ist ›cruelty‹, zu deutsch: Grausamkeit.

Zur Farbgebung der Karte

Wichtig ist es, innerhalb des bedrückenden und schweren Bildes die Rose durch helle Farben herauszuheben.

Schwert-10

Schwert-10

Element: Luft

Hingestreckt liege ich von Schwertern zehnfach durchbohrt auf der Erde. Es ist das Ende, die Katastrophe ist hereingebrochen.

Mit der Ziffer *ZEHN* erfüllt sich die Reihe der Schwertkarten, und sie erfüllt sich in Grausamkeit und Leid. Der ›Fluch über den Baum der Erkenntnis‹ ist wahr geworden: Wer nur auf die Kraft des Verstandes baut, ist verloren. Er erstickt in seinem eigenen Netz.

Aber in all meinem Schmerz ist auch ein Erwachen, eine Erkenntnis, daß ich, ein Mensch, unvollkommen bin. In dieser Einsicht kann ich mir selbst vergeben.

Nur wer bis zum bitteren Ende geht, spürt die sanfte Hand der Erlösung, die ihm einen neuen Weg zeigt.

Die Schwert-10 bedeutet häufig eine Wende und ist daher günstig einzuschätzen. Besonders für Menschen, die über einen längeren Zeitraum Schwertkarten aufdecken, bringt die Schwert-10 den leidvollen Gipfel und damit aber auch die Chance für eine Veränderung.

Die Schwert-10 sollte daher sehr sorgfältig interpretiert werden. Es ist z. B. eine große Hilfe, die Verletzungen, die jedes Schwert symbolisiert, laut auszusprechen, um sie damit ins Bewußtsein zu heben.

Aussage

Ruin, Katastrophe, Grausamkeit, das Ende
Das Äußerste, was ich ertragen kann
Festgenagelt sein, Überfall, Bedrohung
Das Ende des Tunnels, eine Chance zur Umkehr
Hoffnung

Spielkarten

Kreuz-10, Eichel-10

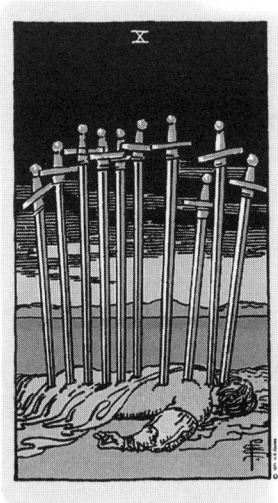 

Anmerkungen zur Karte Schwert-10

Schwert-10 im Famira-Tarot

Die Vernichtung der Gestalt ist noch grausamer dargestellt als bei Waite. Dafür ist auch das Zeichen der Hoffnung, die aufgehende Sonne, deutlicher herausgearbeitet.

Schwert-10 im Waite-Tarot

Ein Mensch wird von zehn Schwertern durchbohrt. Am fernen Horizont dämmert ein neuer Tag. Es ist ein Zeichen der Hoffnung.

Schwert-10 im Crowley-Tarot

Neun Schwerter richten sich gegen ein zehntes Schwert, das eine Sonne, eine Waage und ein Herz trägt. Damit soll ausgedrückt werden, daß Klarheit, Harmonie und Liebe zerbrochen sind. Das Deutungswort heißt ›ruin‹, oder Untergang.

Zur Farbgebung der Karte

Für die Farbgebung ist es besonders wichtig, neben der dunklen und grausamen Stimmung, die aufgehende Sonne durch helle Farbtöne als ein Zeichen der Hoffnung herauszuarbeiten.

Die Stern-Karten

Element: Erde

Synonyme: Pentagramm, Glücksstern, Sterntaler

Englisch: Pentacle

Spielkarten: Karo, Schell

Assoziationen

Glück – Reichtum – Frieden – Wissen – Wahrheit – Weisheit – Besitz – Glauben – Freundschaft – Selbsterkenntnis – Suche – Freiheit – Geld – Erfüllung – Lebenssinn – Aufgabe – Ziel – Dankbarkeit

Stern-As

Stern-As

Element: Erde

Dieses Mal wird mir ein Fünfstern überreicht. Seit alters her ist dieser Stern ein Zeichen für Wahrheit, Glück und Reichtum.

Zunächst ist damit äußerer Reichtum gemeint, also Geld und Besitz. Aber genauso wichtig ist innerer Reichtum, der durch den Fünfstern symbolisiert wird. Innerer Reichtum wie Wissen, Glück, Zufriedenheit und Freude ist unabhängig von äußerem Besitz, wie wir von einfachen oder sehr weisen Menschen wissen. Umgekehrt ist auch bekannt, daß Geld allein niemals glücklich macht.

Die Stern-Karten versinnbildlichen das Element Erde, und so geht es auf der Ebene der Sterne um die verschiedenen Wege der Menschen, sich mit ihrem irdischen Leben zu versöhnen und äußeren und inneren Frieden zu finden. Manche finden dieses Glück mit Geld, andere in ihrem Glauben, und wieder andere in Aufgaben und Arbeit.

Die Stern-As symbolisiert wieder das Eine, das in allem ist. Der Mensch wird gefangen von der Magie, seinem Leben auf dieser Erde eine Richtung, einen Sinn und ein Ziel zu geben.

Die Karte drückt immer den Wunsch nach mehr Einsicht in verborgene Lebenszusammenhänge aus. Sie beinhaltet den Rat, sich auf die Suche nach sich selbst zu begeben. Damit kann auch gemeint sein, daß man z. B. in einer Therapie Hilfe suchen soll. Und sie beinhaltet das große Glück, vom Schicksal die richtigen Zeichen zu erhalten, wo der Weg zu Wachstum und Selbsterfüllung verläuft.

Aussage

Das große Glück, großer äußerer oder innerer Reichtum
Erfüllung, Wohlbefinden, Frieden, Glauben
Zeit für Selbsterfahrung und Meditation

Spielkarten

Karo-As, Schell-As

Anmerkungen zur Karte Stern-As oder Stern-1

Stern-As im Famira-Tarot

Der Fünfstern treibt zwischen Sternen und Wolken. Er verkündet Leichtigkeit und Grenzenlosigkeit.

Stern-As im Waite-Tarot

Eine himmlische Hand überreicht das Geschenk des goldenen Fünf-sterns. Er befindet sich über dem Tor zu einem paradiesischen Garten.

Stern-As im Crowley-Tarot

Innerhalb von Pfauenfedern befindet sich eine goldene Scheibe. Im Zentrum davon sind verschiedene, geometrische Figuren, die alle eine bestimmte Bedeutung in der esoterischen Tradition besitzen. To metha ophion heißt übersetzt Initiation oder Eintritt. Das ganze Bild ist ein Hinweis dafür, daß der Mensch auf der Ebene der Scheiben höheres Wissen gewinnen kann.

Zur Farbgebung der Karte

Die Fünfsterne malt man am besten golden oder leuchtend gelb aus. Ansonsten bleibt die Gestaltung der Stern-As und aller anderen Stern-karten völlig der individuellen Phantasie überlassen.

Stern-2

Stern-2

Element: Erde

Die Ziffer *ZWEI* bedeutet Zwei-fel und Un-ein-deutigkeit. Aber auf der Ebene der Sterne finde ich eine neue Art, damit umzugehen: ich werde zum Lebenskünstler, zum Jongleur, der mit dem Leben spielt. Ich lege mich nicht fest, sondern bin offen für den Gang der Dinge. So ergibt sich das eine wie das andere, und ich werde erlöst vom quälenden Gefühl der Unentschiedenheit. Ich entdecke auch die Heiterkeit, eine Gabe, die mich über das Leben erhebt.

Der weise Mensch nimmt die Dinge, wie sie kommen. Er erkennt, daß letzten Endes das eine genauso wichtig ist wie das andere. Er bewertet nicht und wird damit zum einfachen Menschen, der dem Leben heiter und gelassen begegnet.

Die Karte beinhaltet für den Tarot-Spieler immer eine Aufforderung, sich zu entspannen und dem Leben spielerischer zu begegnen. Bei wichtigen Entscheidungen signalisiert sie, die Bedeutung der Angelegenheit nicht zu dramatisieren.

Aussage

Eine Sache von geringerer Bedeutung, eine Bagatelle
Der spielerische Umgang mit einer Entscheidung
Das eine ist wie das andere
Sorglosigkeit, ein einfaches Leben, Heiterkeit
»Lachen ist die beste Medizin«

Spielkarten

Karo-2, Schell-2

Anmerkungen zur Karte Stern-2

Stern-2 im Famira-Tarot

Um die Leichtigkeit der Karte noch zu verstärken, zeichnet Famira
einen Clown, der mit zwei Pentakel-Scheiben spielt.

Stern-2 im Waite-Tarot

Vor Wellenbergen aus Wasser jongliert eine Gestalt mit zwei Pentakel-
Kugeln, die in einer Unendlichkeitsschleife eingehüllt sind.

Stern-2 im Crowley-Tarot

Eine gekrönte Schlange, Symbol für Transformation, beißt sich selber
in ihr Ende und formt eine Acht, ein Zeichen für Unendlichkeit. In
jedem der beiden Kreise befindet sich das Yin-Yang-Zeichen. Das Deutungswort ist ›change‹, zu deutsch: Wechsel.

Zur Farbgebung der Karte

Die Kleider des Clowns können aus Blau- und Gelbtönen bestehen.
Damit wird ausgedrückt, daß der Clown in schöpferischer Harmonie
mit dem Leben verbunden ist.

Stern-3

Stern-3

Element: Erde

Ich finde eine Aufgabe, die mich erfüllt und in der ich mich verwirklichen kann. Ohne es vielleicht selbst zu wissen, arbeite ich an meinem Lebenswerk, an meiner Lebensaufgabe.

Die Ziffer *DREI* ist eine stabile Zahl. Und so finde ich in meiner Tätigkeit eine Basis, die mich trägt und mir Sicherheit schenkt. Ich habe etwas gefunden, was meinem Leben Sinn und Richtung gibt.

Crowleys und Famiras Bild stellen einen Bezug zur mittelalterlichen Zunft der Freimaurer her. Als Gesellen- oder Meisterstück wurde oft die Ausführung eines Kirchenfensters verlangt. Dabei blieb der Künstler selbst im Hintergrund. Niemals tragen die Kirchenfenster irgendwelche Namen. Auch für asiatische Künstler war es eine Selbstverständlichkeit, keine Namen in den großartigen Kunstwerken zu hinterlassen. In ihrem Glauben ist ein Künstler ein Werkzeug Gottes und daher als besonderes, einmaliges Individuum unbedeutend.

Die Karte verweist auf eine wichtige Lebensphase. Oft benennt sie eine Arbeit, oder eine Ausbildung, die für den Tarot-Spieler sehr wichtig ist. Sie verkündet aber auch, daß das Ego und individueller Stolz zurücktreten und man ganz in der Tätigkeit aufgehen soll.

Aussage

Arbeit, Selbstverwirklichung durch Arbeit
Lebenswerk, Lebensbaum
Eine Aufgabe, die wichtiger ist als alles andere
Ich werde an meinen Taten gemessen

Spielkarten

Karo-3, Schell-3

Anmerkungen zur Karte Stern-3

Stern-3 im Famira-Tarot

Famira stellt nur das gotische Kirchenfenster dar.

Stern-3 im Waite-Tarot

Ein Mönch und der Baumeister beobachten einen Gesellen bei seiner
Arbeit.

Stern-3 im Crowley-Tarot

Auf drei Rädern erhebt sich eine Pyramide oder ein Kristall. Großes kann nur geschehen, wenn es die Dreiheit Körper, Geist und Seele zusammenfaßt. Das Deutungswort ist ›work‹, zu deutsch: Arbeit.

Zur Farbgebung der Karte

Als Anregung kann ein gotisches Glasfenster mit seinen leuchtenden Farben dienen.

Stern-4

Element: Erde

Eigentlich habe ich alles, was ich mir wünsche, und trotzdem bin ich nicht wirklich zufrieden.

Ich bin reich und halte das Glück in meinen Armen. Ich genieße Ansehen, und andere Menschen beneiden mich sogar um mein Glück. Aber eine innere Stimme läßt mir keine Ruhe, und ich kann ihr nicht entkommen.

Stern-4

Die Ziffer *VIER* ist eine abgeschlossene und harmonische Zahl. Hier bedeutet sie ein Gefühl von Routine. Drei Sterne bedeuten greifbare Wirklichkeit und damit Sicherheit. Der vierte Stern weist darüber hinaus. Er ist die innere Stimme der Wahrheit, die immer weiter treibt, bis das Ziel gefunden ist.

Die Karte kann auf eine Periode der Stagnation in der Selbstverwirklichung hinweisen. Ohne daß weitere Karten hinzugezogen werden, kann sie nicht eindeutig interpretiert werden. Deckt der Tarot-Spieler weitere Karten auf, die positiv sind, dann ist eher davon auszugehen, daß der Fragende bei der Sache bleiben und nicht auf ein anderes Gebiet ausweichen soll.

Sind die weiteren Karten negativ, ist davon auszugehen, daß eine Änderung im Leben des Tarot-Spielers notwendig wird.

Manchmal bedeutet die Stern-4 auch ein zu starkes Festhalten materieller Dinge.

Aussage

Sicherheit und Routine, die zur Last werden
Wohlstand, der übersatt macht
Zufriedenheit, die keinen Frieden gibt
Eine Stimme, die weitertreibt
Materielle Fixierung

Spielkarten

Karo-4, Schell-4

 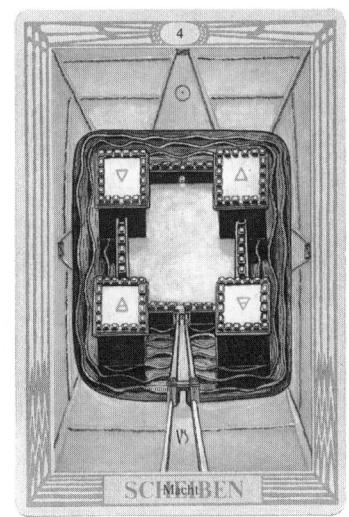

Anmerkungen zur Karte Stern-4

Stern-4 im Famira-Tarot

Famira greift zum gleichen Motiv wie Waite.

Stern-4 im Waite-Tarot

Ein junger Mann sitzt eigenartig verkrampft auf einem Sockel vor einer Stadt. Er drückt Reichtum und Wohlstand aus, aber in seiner Haltung offenbart sich auch Ängstlichkeit.

Stern-4 im Crowley-Tarot

Man sieht von oben auf eine Burgmauer mit vier Türmen. Ganz zuoberst sind die Symbole der vier Elemente gezeichnet. Die Burg gibt Sicherheit und Schutz, aber kann auch die Beweglichkeit einengen und Leichtigkeit verhindern. Das Deutungswort ist ›power‹, zu deutsch: Macht.

Zur Farbgebung der Karte

Die unterschiedliche Bedeutung der Karte, nämlich Reichtum und Ängstlichkeit, sollte durch eine Mischung aus helleren und dunkleren Farbtönen ausgedrückt werden.

Stern-5

Stern-5

Element: Erde

Ich bin gewohnt, das, was ich will, auch zu bekommen, und habe vergessen, was es heißt, andere um etwas zu bitten.

Jetzt, da ich allein bin und die Schattenseite des Lebens kennenlerne, öffnet sich mein Herz für die wohltätigen Schwingungen der anderen. Erst jetzt, da ich draußen stehe, kann ich das Licht erkennen, das mich tröstet. Ich erfahre die Herzensgüte des Lebens, die Hand, die mich auch nicht im Leid verläßt.

Die Ziffer *FÜNF* ist eine bewegliche Zahl. Hier verkündet sie die Veränderung einer Situation. Als schicksalhafte Zahl ist sie eine Folge der Ziffer *VIER*. Wer auf der Karte Stern-4 die Mahnung, sein Leben zu vertiefen oder zu verändern überhört, erfährt auf der Stern-5 die Konsequenzen. Er findet sich in einer Lebenssituation wieder, die ihn zur Demut zwingt.

Bei der Interpretation der Karte ist es wichtig, die Hintergründe der momentanen Lebenssituation zu erfragen. Der Tarot-Spieler kann damit seine eigene Verantwortlichkeit, die zu diesen Umständen geführt hat, erkennen und stärken.

Manchmal verweist die Karte auch darauf, selbst Güte und Großzügigkeit zu zeigen.

Aussage

Armut, Elend, Verlust
Die Folgen eigener Mißachtung
Die Bitte an andere um Hilfe
Was andere für mich tun
Trost, Mitgefühl, ein warmes Herz, wirkliche Freunde
Aber auch: Eigene Großzügigkeit und Güte

Spielkarten

Karo-5, Schell-5

Anmerkungen zur Karte Stern-5

Stern-5 im Famira-Tarot

Ein junger verletzter Mann findet bei einer Nonne Hilfe und Trost.

Stern-5 im Waite-Tarot

Zwei zerlumpte Bettler irren frierend durch den Schnee und suchen nach Almosen. Aus den erleuchteten Kirchenfenstern dringt ein warmes Licht.

Stern-5 im Crowley-Tarot

Fünf Scheiben formen gemeinsam ein Pentagramm mit der Spitze nach unten. Es ist ein Zeichen der Schwere, die durch die bedrohlichen großen Räder im Hintergrund der Karte noch verstärkt wird. Das Deutungswort ist ›worry‹, zu deutsch: Sorgen oder Quälerei.

Zur Farbgebung der Karte

Blau als Farbe des Mitgefühls unterstreicht die Aussage der Karte.

Stern-6

Stern-6

Element: Erde

Wenn ich nichts habe, tröstet mich das Leben; darum kann ich teilen, wenn ich im Überfluß lebe.

Die Ziffer *SECHS* besteht aus zwei stabilen Hälften (3 + 3 = 6). So erinnert auch die Karte daran zu teilen, die Waage ins Gleichgewicht zu bringen. Damit ist nicht allein materieller Besitz gemeint, sondern alles, was äußerlich und innerlich reicher macht:

Wer mehr weiß, hilft anderen durch seinen Rat.

Wer stark ist, gibt von seiner Stärke.

Wer glücklich ist, teilt sein Glück.

Bei alledem ist zu Weisheit und Klugheit geraten, denn auch Großzügigkeit kann verletzend sein.

Die Ziffer *SECHS* ist auch eine schicksalhafte Folge der Ziffern *VIER* und *FÜNF*. Wer die Mahnung der Karte Stern-4 in den Wind schlägt, erblickt im Spiegel der Karte Stern-5 sein eigenes Leid. Und wer diese Prüfung ablegt, wird vom Schicksal mit der gleichen, jetzt aber positiven Energie beschenkt.

Die Karte zeigt häufig den ›Ausgleich des Schicksals‹. Demjenigen, dem Unrecht geschehen ist, kündet die Karte Gerechtigkeit an. Und denjenigen, der selbst im Unrecht ist, erinnert sie an die ausgleichende Hand des Schicksals. Im Lichte dieser Karte ist es daher ratsam, nach den Ursachen der momentanen Situation zu forschen. Manchmal liegen die Gründe sehr weit zurück. Sogar karmische Einflüsse früherer Leben können eine Rolle spielen.

Aussage

Die Gerechtigkeit des Schicksals
Karma, Schuld und Sühne
Aufforderung, von seinem Reichtum zu geben und zu teilen

Spielkarten

Karo-6, Schell-6

Anmerkungen zur Karte Stern-6

Stern-6 im Famira-Tarot

Auf der Famira-Karte ist das Motiv von Waite in stilisierter Form erkennbar.

Stern-6 im Waite-Tarot

Ein reicher Mann teilt genau abgewogene Almosen aus. Er will nicht zu viel und auch nicht zu wenig geben.

Stern-6 im Crowley-Tarot

Um das Zentrum einer stilisierten Lotos- oder Rosenblüte reihen sich sechs Kugeln mit astrologischen Symbolen. Das Deutungswort heißt ›success‹, zu deutsch: Erfolg.

Zur Farbgebung der Karte

Bei dieser Karte könnte man den Hintergrund blau malen, um den Gesichtspunkt der Güte zu betonen.

Stern-7

Stern-7

Element: Erde

Wenn das Feld bebaut ist, ist die meiste Arbeit getan. Der Gärtner kann ruhen, bis die Ernte reif ist.

Die Ziffer *SIEBEN* ist eine geheimnisvolle und rätselhafte Zahl. Hier spiegelt sie das Wunder des Lebens:

Wie ist es möglich, daß aus dem Samen eine Lilie wird? Welche Kräfte formen die Pflanze zum Baum? Wer sorgt dafür, daß das Korn reift?

Die Karte verkündet ein überraschendes Ergebnis, das aber irgendwann vom Tarot-Spieler initiiert wurde. Sie rät aber auch zum Warten und erinnert daran, daß jetzt nichts mehr getan werden kann. Dann darf mit einem positiven Ausgang der Situation gerechnet werden. So kann die Karte auch eine Mahnung sein, die eigene Ungeduld zu bezähmen.

Aussage

Eine Angelegenheit reift ohne weiteres Zutun
Eine Saat geht auf
Lohn für eine Arbeit
Zeit der Ruhe, Sammlung und Meditation
Warten auf den Erfolg

Spielkarten

Karo-7, Schell-7

Anmerkungen zur Karte Stern-7

Stern-7 im Famira-Tarot

Famiras Karte zeigt ein Bild der fruchtbaren Natur.

Stern-7 im Waite-Tarot

Ein junger Mann betrachtet seine Arbeit und ist in stille Meditation versunken.

Stern-7 im Crowley-Tarot

Während Famira und Waite die Karte Stern-7 in einem positiven Licht darstellen, bedeutet diese Karte für Crowley Fehlschlag oder auf englisch: ›failure‹. Das Bild zeigt Pflanzen, die geknickt und herabgedrückt wurden.

Zur Farbgebung der Karte

Die Gestaltung der Karte ist ganz der individuellen Phantasie überlassen.

Stern-8

Stern-8

Element: Erde

Es gibt Zeiten der Stille, der Entspannung und der Erholung, und es gibt Phasen, in denen ich alle meine Energien einbringen muß, um meine Selbsterkenntnis voranzutreiben.

Der Weg zur Selbsterkenntnis ist manchmal schwer und verlangt oft mühsames Arbeiten an sich selbst. Die Karte erinnert an eine sich endlos wiederholende Tätigkeit. Das kann eine Arbeit, eine meditative Übung oder ein Mantra sein.

Die Ziffer *ACHT* ist ein Zeichen für Unendlichkeit (die liegende 8). So erinnert die Karte auch an sich wiederholende Lebenszyklen und auch an starre Gewohnheiten. Nur ein tiefes Selbstgespräch kann dem Tarot-Spieler dann weiterhelfen und die Frage klären, ob sein Leben aus zu vielen und starren Gewohnheiten besteht. Oder ob es jetzt gerade darum geht, sich durch eine mühsame Phase auferlegter Pflicht zu arbeiten.

Dann ist die Karte auch eine Erinnerung, daß jeder sein ›Schicksal in seinen eigenen Händen trägt‹ und beständig daran arbeitet.

Aussage

Eine wichtige Arbeit vorantreiben
Eine Lebensaufgabe, Erfüllung in der Arbeit
Exerzitien, Meditation, Mantra
Mühsamer, aber lohnender Weg
Fleiß, Ausdauer
»Jeder ist seines Glückes Schmied«

Spielkarten

Karo-8, Schell-8

Anmerkungen zur Karte Stern-8

Stern-8 im Famira-Tarot

Dieses Bild ist wieder eine vereinfachte Darstellung der Version von
Waite.

Stern-8 im Waite-Tarot

Ein Handwerker arbeitet an den goldenen Scheiben mit den Pentakeln.

Stern-8 im Crowley-Tarot

An einem Baum befinden sich acht offene Blüten, welche die Pentakel
versinnbildlichen. Das Deutungswort ist ›prudence‹, zu deutsch: Klugheit oder Umsicht.

Zur Farbgebung der Karte

Für dieses Bild kommt man mit der Farbe Gold, bzw. Gelb für die
Münzen aus.

Stern-9

Stern-9

Element: Erde

Meine Mühen haben sich gelohnt, der Erfolg krönt mich. Ich lebe an einem magischen Ort, begegne glücklichen Menschen und finde mich selbst schön und vollendet.

Alles, was ich in mein Leben eingebracht habe, meine Arbeit, mein Verständnis und die Güte meines Herzens, ist zum großen Reichtum meiner Seele geworden.

Jetzt ist nichts mehr zu tun, als das Leben zu feiern.

In der Ziffer *NEUN* ist die Zahl *DREI* dreimal enthalten. So verdreifacht sich auch mein sicheres Gefühl, daß ich auf dem richtigen Weg der Selbstentdeckung bin. Allerdings besitzt die *NEUN* wegen ihrer Nähe zur *ZEHN* auch eine verhärtende Energie. Daher ist die Stern-9 bei aller Freude, die sie verkündet, auch eine Mahnung, (noch) nicht stehen zu bleiben, sondern den letzten Stern zu suchen.

Die Karte verweist auf Überraschung und Glück. Man darf immer mit einem ›kleinen Wunder‹ rechnen. Manchmal erinnert die Karte aber auch daran, die eigenen Augen zu öffnen, und das Wunder jedes einzelnen Augenblickes zu erkennen.

Aussage

Erfolg, Lohn, Erfüllung, Überraschung
Schönheit und Vollendung
Eine Sache wendet sich zum besten
Ein Wunschtraum, der sich erfüllt
Eine Zeit, das Leben zu feiern
»Wunder kommen von: sich wundern«

Spielkarten

Karo-9, Schell-9

Anmerkungen zur Karte Stern-9

Stern-9 im Famira-Tarot

Famira stellt einen Pfau als Sinnbild der natürlichen Vollendung dar.

Stern-9 im Waite-Tarot

Eine Frau in paradiesischer Landschaft hält einen Falken auf ihrer Hand.

Stern-9 im Crowley-Tarot

Über einem strahlenförmigen Stern liegen die neun Münzen. Das Deutungswort ist ›gain‹, zu deutsch: Gewinn.

Zur Farbgebung der Karte

Zur Gestaltung der Karte Stern-9 kann man aus allen Farben wählen.

Stern-10

Stern-10

Element: Erde

Was immer das Ziel meiner Reise war, ich bin angekommen.

Vielleicht war ich auf der Suche nach dem Glück in meiner Familie oder in einer Gemeinschaft. Vielleicht war es die Suche nach Wahrheit, die mich vorwärts trieb. Vielleicht war es einfach die Sehnsucht nach einem erfüllten Lebensabend.

Ich bin angekommen. Mein Weg hat sich vollendet.

Die Ziffer *ZEHN* schließt den Kreis der magischen Sterne und erhöht damit die Zahl *EINS*. Der Mensch, der auf der Karte Stern-As die Gabe der Einsicht erhält, findet auf der Stern-10 eine Bestätigung. Er kann sich im Spiegel dieser Tarot-Karte sicher wähnen, daß er die richtigen Schlüsse über sein Leben zieht.

Oft verweist die Karte auf die ›Gruppe von Gleichgesinnten‹. Das kann eine therapeutische Gruppe oder eine Selbsterfahrungsgruppe sein. Menschen, die in Großgruppen, Großfamilien und Wohngemeinschaften leben, verweist die Karte auf die besondere Bedeutsamkeit dieser Lebensform. Manchmal spiegelt die Karte auch den Wunsch des Tarot-Spielers, in einer offenen Gemeinschaft zu leben. Immer betont die Karte die Bedeutung mehrerer Individuen, die sich gegenseitig auf ihrer geistigen Suche unterstützen.

Aussage

Vollendung einer langen Reise oder Suche
Günstige Zeit für neue Formen der Familie
Gemeinschaft und Gruppenleben

Spielkarten

Karo-10, Schell-10

 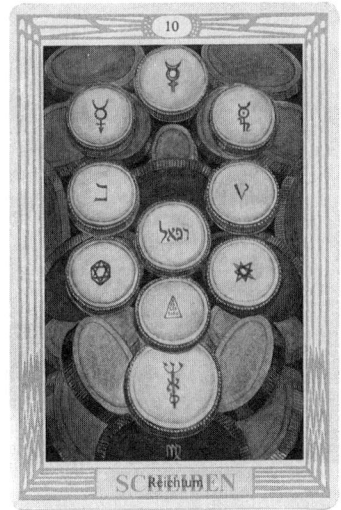

Anmerkungen zur Karte Stern-10

Stern-10 im Famira-Tarot

Die Frau, die eine Kette aus zehn Pentakeln trägt, ist ein Sinnbild für inneren und äußeren Reichtum. Die Kette ist auch als Zeichen der Zugehörigkeit zu einer bestimmten Gruppe zu verstehen.

Stern-10 im Waite-Tarot

Das Bild ist schwer zu verstehen. Auch von Waite selbst liegt keine klare Interpretation vor. Es scheint sich um eine Darstellung des Lebens auf einem reichen Gut zu handeln.

Stern-10 im Crowley-Tarot

Goldstücke mit magischen Zeichen verkünden Reichtum. Das ist auch das Deutungswort dieser Karte. Auf Englisch heißt das Wort ›wealth‹.

Zur Farbgebung der Karte

Auch hier genügt es, die zehn Scheiben mit den Pentakeln auszumalen. Für das Kleid der Frau empfiehlt sich Blau als Farbe des Glaubens und der allumfassenden Liebe.

Die Hofkarten

Die Hofkarten vertreten die Akteure des Lebens. Sie verweisen auf reale Personen: auf mich, meine Eltern, Freunde, Feinde, die geliebten und ungeliebten Menschen in meinem Leben. Es gibt die Hofkarten der Stäbe: sie kennzeichnen Personen, die ihre vitale, männliche und aktive Seite betonen. Die Hofkarten der Kelche meinen eher empfindsame, weiche Menschen, die sich von ihren Gefühlen leiten lassen. Die Hofkarten der Schwerter verweisen auf Verstandesmenschen, die mit dem Kopf kontrollieren möchten. Die Hofkarten der Sterne schließlich stehen für die Suchenden und Wissenden, für Menschen, die über den Augenblick hinaussehen möchten und mit sich zufrieden sind.

Bei der Einteilung in die verschiedenen Typen oder Rollen der Hofkarten tauchen in der Tradition des Tarot Unterschiede auf. Waite und Famira, die beide eine klassische Tradition vertreten, unterteilen die Hofkarten in den König, die Königin, den Ritter und den Pagen oder Buben. König und Königin sind die höchsten Vertreter des Staates, daher stehen sie auch im Tarot für die wichtigsten und bedeutsamsten Personen im Leben des Tarotspielers. Oft verweisen sie auf die (oder den) Fragende(n) selbst oder auf Eltern, Geschwister, Gatten, Geliebten. Manchmal meinen sie auch den Vorgesetzten oder eine andere gesellschaftliche Autorität.

Crowley hat diese klassische Unterscheidung leicht verändert, was aber für einen Anfänger im Tarot zu erheblichen Schwierigkeiten führen kann. Bei Crowley ist der höchste Vertreter eines Elementes der Ritter. Neben ihm steht die Königin. In der Logik Crowleys hat der Ritter die Königin erobert und den alten König verdrängt. Aus der gemeinsamen Liebe zwischen Ritter und Königin entsteht der Prinz und die Prinzessin. Der Prinz steht für die Verschmelzung der elterlichen Energien, während die Prinzessin die Energien der Eltern im Unbewußten weiterträgt.

Vereinfacht entsprechen sich daher folgende Karten:

Famira / Waite	Crowley
König	Ritter
Königin	Königin
Ritter	Prinz
Page oder Bube	Prinzessin

Dabei entspricht einem König (bei Crowley dem Ritter) immer ein Mann und einer Königin stets eine Frau. Diese Interpretation wird in vielen anderen Tarot-Büchern nicht so strikt gehandhabt. Oft ist es gleichgültig, welches Geschlecht die Hofkarten haben. Die feste Zuweisung von König (bzw. Ritter) zu Mann und Königin zu Frau stammt aus der Tarotlegekunst der Zigeuner und hat sich nach meinen Erfahrungen als sehr vorteilhaft erwiesen. Zieht z. B. ein männlicher Tarot-Spieler eine Königin, so stellt diese Karte *NICHT* den Spieler selbst dar, sondern eine Frau aus seinem Leben, die ihm sehr wichtig ist. Auch wenn dann der Spieler behauptet, daß es eine solche Frau gar nicht in seinem Leben gibt, muß man nachfragen und sich dabei ruhig auf das Tarot verlassen. In aller Regel taucht diese Frau plötzlich in der Erinnerung auf, war vielleicht eine frühere Freundin, deren Verlust noch nicht völlig verarbeitet ist, oder die Mutter, die im Zusammenhang mit der Frage eine wichtige Rolle spielt.

Auch eine andere Art habe ich von den Zigeunern übernommen: Geht man zu einem Wahrsager oder einer Wahrsagerin, so bestimmt diese zunächst einen Signifikator. Es ist eine Karte, die nach Meinung der Wahrsager den Fragenden oder seine Frage am ehesten widerspiegelt. Kommt z. B. eine Frau, die sehr aktiv und männlich wirkt, bestimmt der Wahrsager die Stab-Königin als Signifikator. Kommt ein Mann und er befragt die Karten über seine Freundin, dann wählt der Wahrsager den Kelch-König oder den Kelch-Ritter aus, weil es bei der Frage um Liebe und Gefühle geht. Dieser Signifikator spielt bei der späteren Interpretation eine ganz entscheidende Rolle (siehe auch Lege-Beispiele).

Die Karten der Ritter (bei Waite/Famira) und Prinzen (bei Crowley) kennzeichnen Personen, die stark sind und sich für eine Sache einsetzen. Hat man einen Ritter, bzw. einen Prinzen zum Freund, so kann man sich bedingungslos auf ihn verlassen. Prinzen (bei Crowley) sind immer männlichen Geschlechts. Die Ritter bei Waite oder Famira können männliche oder weibliche Personen widerspiegeln. Die Pagen (Waite/Famira) stehen für Menschen, die noch ›in die Schule gehen‹. Sie versuchen, ihr Element besser zu verstehen und zu beherrschen. Manchmal sind sie auch Überbringer wichtiger Botschaften oder stehen für die Kinder des Fragenden. Auch sie können männlich oder weiblich sein. Den Pagen entsprechen bei Crowley die Prinzessinnen. Der einzige Unterschied: Sie spiegeln immer weibliche Personen wider.

Allgemeine Aussagen

Die Hofkarten stehen immer für den Fragenden selbst oder für wichtige Personen im Leben des Fragenden.

DIE HOFKARTEN DER STÄBE: Feurige und aktive Personen
DIE HOFKARTEN DER KELCHE: Empfindsame und gefühlvolle Menschen
DIE HOFKARTEN DER SCHWERTER: Verstandesmenschen
DIE HOFKARTEN DER STERNE: Reife und geistige Menschen

Entsprechungen im Tarot von Famira oder Waite:

DIE KÖNIGE: Männer, der Fragende selbst, der Vater, eine Autorität
DIE KÖNIGINNEN: Frauen, die Fragende selbst, die Mutter, eine Autorität
DIE RITTER: Aktive und unternehmungslustige Männer oder Frauen, Macher, der oder die Fragende selbst oder treue und ergebene Personen
DIE PAGEN: Lernende Menschen, Boten, Kinder, der oder die Fragende selbst

Entsprechungen im Tarot von Crowley:

DIE RITTER: Männer, der Fragende selbst, der Vater, eine Autorität
DIE KÖNIGINNEN: Frauen, die Fragende selbst, die Mutter, eine Autorität
DIE PRINZEN: Aktive und unternehmungslustige Männer, Macher, der Fragende selbst oder treue und ergebene Personen
DIE PRINZESSINNEN: Lernende Menschen, Boten, Kinder und die (weibliche) Fragende selbst

Im Englischen heißt der König *King*, die Königin *Queen*, der Ritter *Knight*, der Page *Page*, der Prinz *Prince* und die Prinzessin *Princess*.

Stab-Page

Stab-Page oder Prinzessin der Stäbe

Element: Feuer

Sie sind eine Gestaltung aus dem Reich des Feuers und können eine Frau (Waite/Famira und Crowley) sein oder ein Mann (Waite/Famira). Sie stehen dem Fragenden zur Verfügung oder überbringen Botschaften. Manchmal sind sie die Lernenden, die Anfänger, die noch ›in die Schule gehen‹, um tiefer in die Geheimnisse ihres Elementes einzudringen.

Sie sind lebendig und lebensfroh und schießen leicht über das Ziel hinaus. Sie werden zum Sturmwind, wenn man sie einengen will. Sie brauchen Möglichkeiten, sich auszuleben und zu bestätigen. Sie lieben die Freiheit. Die Botschaften, die sie überbringen, entstammen dem Reich des Feuers. Sie verkünden neue Taten oder verheißen Abenteuer oder eine Reise. Manchmal überbringen sie auch Nachrichten aus dem Reich der Arbeit.

Als Signifikator: Selten, höchstens für einen sehr jungen Mann oder eine junge Frau, Knaben oder Mädchen, wenn diese Eigenschaften des Stab-Pagen oder der Prinzessin der Stäbe besitzen.

Aussage

Ein junger, aufgeschlossener, freiheitsliebender Mann
Eine junge, lebensbejahende Frau
Der Fragende oder ein Mensch aus seinem Leben, der ihm zugeneigt ist
Auch das eigene Kind
Botschaften aus dem Reich des Feuers und der Arbeit

Spielkarten

Pik-, Grün-, Blatt-Bube oder Unter

Anmerkungen zur Karte Stab-Page oder Prinzessin der Stäbe

Stab-Page bei Famira

Eine jugendliche Person in vornehmen Kleidern hat sich für eine Reise oder ein galantes Abenteuer gerüstet.

Bube der Stäbe bei Waite

Ein junger Mann oder eine junge Frau betrachtet den Stab. Die Person scheint für eine Reise gerüstet.

Prinzessin der Stäbe bei Crowley

Eine nackte Frau tanzt in einer Feuerflamme. Sie kommt aus dem Leib eines Tigers, Zeichen ihrer Feuerkraft. In der Hand hält sie den Stab der Sonne. Die großen Fühler auf ihrem Kopf zeugen von ihrer erweiterten Wahrnehmung.

Farbgebung der Karte

Für die Hofkarten der Stäbe sind ganz allgemein Rot- und Gelbtöne (Feuer, Energie) richtig. Für den Pagen können diese Töne noch zarter und leichter sein als für die übrigen Stab-Karten.

Stab-Ritter

Stab-Ritter oder
Prinz der Stäbe

Element: Feuer

Er ist die vitalste Gestalt unter den Hofkarten. Wie ein Feuerrad entzündet er sich ständig neu, und seine Kraft scheint nie zu versiegen. Er ist der Kämpfer und Abenteurer, aber er kämpft nicht, um zu töten, sondern um seine Kräfte zu erproben und durch Reibung noch zu vergrößern. Alles, was das Leben lebendiger macht, lockt ihn, und jede Abwechslung ist ihm recht. Er lebt nur seine männliche Seite, und sein Planet ist der feurige Mars des Frühlings. Sein Pferd ist heiß, wild und schnell wie der Sturmwind des Südens. Freiheit und Unabhängigkeit sind ihm wichtiger als alles andere. Fühlt er sich eingesperrt, wird er aufbrausend und wild.

Nicht immer kann er seine Energien ausleben; dann verbrennt ihn sein eigenes Feuer. Er wirkt abwesend, gedrückt und trotzdem angetrieben von einer inneren Gewalt.

Die Karte steht auch für einen Menschen, der sich mit dem Fragenden messen will, oder den Fragenden erobern möchte. Steht sie für den Fragenden selbst, so wird er zu Aktivität aufgerufen. Sie kann sich überall zeigen, wo es um die Kräfte des Feuers geht, nämlich im Abenteuer, auf Reisen, bei Sport und Arbeit.

Als Signifikator: Höchstens bei Fragen, bei denen es um eine Auseinandersetzung oder einen Wettkampf geht.

Aussage

Ein äußerst vitaler und lebensbejahender Mann/eine powervolle Frau
Der Fragende selbst oder ein Mensch im Leben des Fragenden mit der Bedeutung dieser Karte
Auch der Freund/die Freundin, auf den/die man sich bedingungslos verlassen kann. »Ein Mensch, der für einen durchs Feuer geht«

Spielkarten

Pik-, Grün-, Blatt-Ober

Anmerkungen zur Karte Stab-Ritter oder Prinz der Stäbe

Stab-Ritter bei Famira

Famiras Ritter der Stäbe ist eine Abwandlung der Karte von Waite.

Ritter der Stäbe bei Waite

Der Ritter reitet auf einem feurigen Pferd. Sein Visier ist geöffnet; er fürchtet keine Gefahren. Seinen Umhang schmücken Salamander, Symbole des magischen Feuers.

Prinz der Stäbe bei Crowley

Auf einem gewaltigen Feuerwagen jagt der Prinz dahin. In seiner Hand hält er den Phönixstab, Zeichen seiner majestätischen Würde und Kraft. Auf seiner Brust ist eine Lotosblüte, Symbol der Liebe. Die Feuerflammen in dem Wagen sind grünlich. Diese Farbe symbolisiert für Crowley Kreativität.

Farbgebung der Karte

Der Ritter vertritt sein Element, hier das Feuer, am stärksten. Das sollte auch in der Kraft der Rot- und Gelbtöne zum Ausdruck kommen.

Stab-Königin

Stab-Königin oder Königin der Stäbe

Element: Feuer

Sie ist die Königin der Amazonen, Meisterin des Feuers und aller verzehrenden und nach außen drängenden Energien; eine vitale und energische Frau, die stärker ihre männliche Seite auslebt. Wie ihr Partner und Bruder, der Stab-König, drängt es sie hinaus in die Welt, sie sucht das Abenteuer und die Begegnung mit den verschiedensten Menschen. Ihre Nähe bringt Abwechslung und Fröhlichkeit, aber auch Spannung und Unruhe. Wenn sie sich eingeengt fühlt, kann sie sogar grob und verletzend werden.

Als Meisterin des Feuers verfügt sie über die geheimnisvollen Kräfte der Verwandlung. Sie ist die Hexe und Zauberin unter den Königinnen. Wenn sie will, ist sie verlockend und attraktiv und zieht jedes Männerherz in ihren Bann. Sie steht zu ihren erotischen und sexuellen Energien und kämpft für ihre Liebe.

Als Königin verkörpert diese Person auch Hochmut und Stolz. Sie erwartet, daß man sich nähert, wenn man etwas von ihr will. Sie ist eine ausgesprochene Autorität und erwartet, daß man ihre Wünsche rasch erfüllt. Ihr großer Nachteil ist ihre Ungeduld.

Als Signifikator: Für die fragende Frau bei allen Angelegenheiten im Zusammenhang mit Aktivität, Kraft und Vitalität.

Aussage

Eine starke, vitale und attraktive Frau
Die Fragende selbst oder ein bedeutsamer Mensch im Leben der Fragenden
Auch die attraktive und begehrte Frau

Spielkarten

Keine Entsprechung

Anmerkungen zur Karte Stab-Königin oder Königin der Stäbe

Stab-Königin bei Famira

Famira versetzt die Stab-Königin in die Natur.

Königin der Stäbe bei Waite

Sie ist die Frau des Feuers mit allen Attributen einer Königin. Ihr Zepter ist der Feuerstab, ihr Thron ist von Löwenköpfen geschmückt und in der linken Hand hält sie eine Sonnenblume, das Zeichen ihrer Verbundenheit mit der Sonne. Die Katze ist Zeichen ihrer magischen Kraft.

Königin der Stäbe bei Crowley

Eine gewaltige Frau thront auf einem Feuerstuhl. In der Hand hält sie ein Zepter mit einem Pinienzapfen, ein Zeichen ihrer kreativen Kraft. Vor ihr kauert ein Tiger, Symbol ihrer Lebendigkeit. Sie trägt ein grünes Schuppenkleid eines Fisches, was ihre weibliche Seite stärkt.

Farbgebung der Karte

Die Königin verkörpert zwar die höchste weibliche Vollendung des Feuerelementes, bringt aber, im Unterschied zum Stab-Ritter, ihre Kräfte nicht nur nach außen, sondern konzentriert sie auch in ihrem Inneren. So werden die Rot- und Gelbtöne auch zarter eingesetzt.

Stab-König

Stab-König oder Ritter der Stäbe

Element: Feuer

Er ist der König der Riesen und Zwerge und aller anderen Geschöpfe, die über ungeheuere Kraft, Ausdauer und Energie verfügen. Sein Element ist das Feuer, und über seinem Haupt verbinden sich die Energien der Sonne und des Mars. In seinem Feuerstab fließt der ewige Lebensstrom. Er ist der Zaubermeister unter den Königen. Er lebt vor allem seine männliche Seite aus und tritt in die Welt hinaus, aktiv, fordernd und bestimmend. Seine Nähe ist nicht immer leicht zu ertragen, weil seine Energien oft übersprühen und andere Menschen überfordern. Sein Drang nach Neuem läßt ihn nirgends lange verweilen. Zu einer feurigen Liebesnacht ist er immer bereit, aber nur schwer zu einer festen Bindung. Wenn er sich nicht ausleben kann, wird er unruhig, innerlich angespannt und nervös. Er kann schlecht warten und will alles sofort. Was ihm fehlt, sind Ruhe und Geduld.

Für die fragende Frau steht diese Karte oft für ihren Freund oder einen Mann, der ihr nahe steht. Dann ist es wichtig, der Fragenden auch den Stolz dieses Mannes zu erklären. Z. B. darf sie nicht erwarten, daß er den ersten Schritt macht, viel eher erwartet er ihre ›Huldigung‹.

Als Signifikator: Für den fragenden Mann bei allen Angelegenheiten im Zusammenhang mit Aktivität, Kraft und Vitalität.

Aussage

Ein starker, stolzer und freiheitsliebender Mann
Der Fragende selbst oder ein sehr wichtiger Mensch aus dem Leben des Fragenden
Der Vater, der Vorgesetzte, auch der begehrte, attraktive Mann

Spielkarten

Pik-, Grün-, Blatt-König

Anmerkungen zur Karte Stab-König oder Ritter der Stäbe

Stab-König bei Famira

Famiras Stab-König ist jugendlich und beschwingt. Er hebt die Hand zum Gruß.

König der Stäbe bei Waite

Sein Thron ist mit Löwen und Feuersalamandern geschmückt. An der Seite sieht man einen lebendigen Salamander. Die Karte drückt Beherrschung und Konzentration aus.

Ritter der Stäbe bei Crowley

Dies ist die Vollendung des Feuerelementes bei Crowley. Der Ritter, seine Rüstung, der Mantel, das Pferd, der Stab, alles ist in strahlendes Feuer eingehüllt.

Farbgebung der Karte

Es bieten sich Rot- und Gelbtöne an. Wieder sollten die Farben nicht zu expressiv aufgetragen werden, um die versammelte Kraft des Königs der Stäbe widerzuspiegeln.

Kelch-Page

Kelch-Page oder Prinzessin der Kelche

Element: Wasser

Er ist der Bote aus dem Reich des Wassers und überreicht ein wundervolles Geschenk: die Herzensregungen eines anderen Menschen. Der Fisch in seinem Kelch ist stumm. Gefühle kann man nicht immer aussprechen, man muß sie empfinden, von Herz zu Herz. So symbolisiert er einen Menschen (Mann oder Frau), der dem Fragenden sehr zugetan ist, aber seine Gefühle nicht mitteilen kann. Das Reich der Gefühle ist für ihn neu, er ist behutsam und zart im Umgang mit den feinen Stimmen und Stimmungen seiner Seele.

Häufig steht die Karte auch für einen Menschen, der sich seiner Gefühle nicht sicher ist, oder zu scheu ist, seine Gefühle offen zu zeigen. Es ist ratsam, durch Introspektion oder durch ein Gespräch mit einem vertrauten Freund, nach diesen versteckten Gefühlen zu forschen.

Die Nachrichten, die der Kelch-Page überbringt, sind immer aus dem Reich der Gefühle, z. B. ein Brief von einem lieben Menschen oder ein Telephonat mit einem Freund.

Als Signifikator: Selten, höchstens für ein junges Mädchen oder Kind mit den Eigenschaften dieser Karte.

Aussage

Eine junge, gefühlsbetonte, manchmal stille Frau
Ein junger, empfindsamer Mann
Der/die Fragende oder ein nahestehender Mensch aus seinem/ihrem Leben
Ein scheuer Liebhaber/eine scheue Liebhaberin
Auch das eigene Kind
Ein Bote, eine Nachricht

Spielkarten

Herz-Bube, Herz-Unter

Anmerkungen zur Karte Kelch-Page oder Prinzessin der Kelche

Kelch-Page bei Famira

Zwischen dem Fisch und der jungen Person besteht liebevoller Kontakt. Es scheint, als versuche der Kelch-Page den Fisch zu verstehen.

Bube der Kelche bei Waite

Er steht am Wasser und betrachtet anmutig den Fisch als Zeichen der Gefühlswelt, in der Worte nichts mehr zu sagen vermögen.

Prinzessin der Kelche bei Crowley

Sie tanzt in einem Kleid, das mit Kristallen bestickt ist. In ihrer Hand hält sie liebevoll einen Kelch mit einer Schildkröte als Zeichen des Schutzes, den sie gewährt. Ihr Haupt krönt ein Schwan, Symbol der Reinheit. Der Delphin zeigt die Kraft sprachloser Liebe.

Farbgebung der Karte

Die Farbe für die Kelchkarten ist Blau oder Grün. Wie bei den Stab-Karten kann man dabei die Stufen der Entwicklung innerhalb der vier Hofkarten der Kelche durch die Intensität der Blau- und Grüntöne ausdrücken. Für den Pagen paßt am besten ganz zarte Farbgebung.

Kelch-Ritter

Kelch-Ritter oder Prinz der Kelche

Element: Wasser

Er ist der Ritter des Herzens, der nur für seine Liebe existiert. Er ist Paris, der für Helena sein Land aufs Spiel setzt. Er ist Lancelot, der sein Leben tausendmal opfert für seine Königin. Er lebt nur für sein Herz, für seine Liebe und erfährt damit auch die unendlichen Qualen einer schutzlosen Seele. Seine Nähe ist sehr angenehm, und keine Frau verschließt ihm ihr Herz. Er ist einfühlend und zärtlich; seine empfindsame Seele nimmt die feinsten Schwingungen auf, und auch nur der leiseste Schatten trübt sein Gemüt. Sein Pferd ist warm und feucht wie der Wind aus dem Westen.

Wird der Kelch-Ritter in einer Partnersitzung aufgedeckt, so kann man immer davon ausgehen, daß die Person, für die der Kelch-Ritter gezogen wurde, seine Gefühle offen zeigt und für eine erotische und herzliche Verbindung offen ist. Überhaupt ist der Kelch-Ritter die stärkste Karte für einen Menschen, der Liebe sucht und geben will. Er kann eine Frau sein oder ein Mann. Die Karte fordert auch direkt dazu auf, seinen Gefühlen zu folgen, auch wenn es riskant sein mag.

Als Signifikator: Selten, höchstens für den Geliebten oder die Geliebte, über die man mehr wissen möchte.

Aussage

Der Ritter des Herzens, treu, einfühlsam und zärtlich
Der/die Fragende selbst oder ein wichtiger Partner,
eine wichtige Partnerin
Auch der/die (heimliche) Geliebte einer Frau/eines Mannes

Spielkarten

Herz-Ober

RITTER der KELCHE

Anmerkungen zur Karte Kelch-Ritter oder Prinz der Kelche

Kelch-Ritter bei Famira

Man sieht das offene Gesicht des Ritters. Er wirkt drängender als bei Waite und scheint von seinen Gefühlen sehr bewegt zu werden.

Ritter der Kelche bei Waite

Der Ritter sitzt ruhig auf seinem Pferd. Er folgt seinen Gefühlen und braucht keine Hast. Sein Visier ist offen und er trägt seinen Kelch wie ein Geschenk vor sich her.

Prinz der Kelche bei Crowley

Ein Adler zieht den Wagen, der an eine Muschelschale erinnert. Aus dem Kelch erhebt sich eine Schlange, Symbol der Transformation.

Farbgebung der Karte

Die Blau- und Grüntöne können beim Ritter ihre größte Intensität erreichen, denn der Ritter vertritt sein Element am drängendsten.

Kelch-Königin

Kelch-Königin oder Königin der Kelche

Element: Wasser

Sie ist die Königin des Wassers, der Nymphen und aller anderen Geschöpfe der Tiefe der See. Sie ist still wie das Meer, aber auch so ungestüm. Wenn sie verletzt wird, brechen die Gefühle wie eine Sturmflut aus ihr heraus.

Sie lebt ihre weibliche Seite und ist die fraulichste unter den Königinnen. Sie sucht Schutz und Nähe und gibt dafür Wärme, Liebe und Geborgenheit. Aber ihre Empfindsamkeit macht sie auch verletzlich, und manchmal ist sie so scheu wie ein Reh. Ihr Planet ist der Mond, und sie fühlt sich stark mit seinem Lauf verbunden. Sie öffnet sich mit dem zunehmenden Mond, lebt mit dem Vollmond ihre Leidenschaften und zieht sich mit dem abnehmenden Mond wieder zurück. Ihre große Sensibilität macht sie zur Heilerin unter den Frauen. Durch ihre Hände strömen heilende Kräfte, und ihr Herz gibt Hilfe und Trost.

Die Frau, die durch diese Karte bezeichnet wird, ist die gefühlvolle Geliebte und Frau. Allerdings darf man − wie bei allen Königs-Karten − von ihr nicht erwarten, daß sie selbst aktiv wird. Man muß um sie werben, sie gewinnen, wenn man ihre Nähe wünscht.

Als Signifikator: Für die fragende Frau, wenn es um Angelegenheiten des Gefühls oder des Herzens geht. Bei Freude, aber auch bei Schmerz, z. B. über eine Trennung. Auch bei Fragen, die Gesundheit, Heilung und Hilfe betreffen.

Aussage

Eine gefühlvolle, empfindsame und liebevolle Frau
Die Fragende selbst oder eine liebevolle, wohlgesinnte und wichtige Frau im Leben der Fragenden
Auch die liebevolle und herzliche Mutter

Spielkarten

Keine Entsprechung

Anmerkungen zur Karte Kelch-Königin

Kelch-Königin bei Famira

Gebannt schaut die Königin in den Kelch. Sie trägt ein einfaches Kleid und eine einfache Krone. Es ist ein Hinweis, daß ihre eigentliche Größe im Inneren liegt.

Königin der Kelche bei Waite

Ihr Thron ist am Wasser, und sie sieht wie versunken auf den Kelch in ihrer Hand. Ihr Thron wird von Kinderfiguren umrahmt. Damit wird ausgedrückt, daß die Kelch-Königin Schutz gewährt.

Königin der Kelche bei Crowley

Die Königin ist in die Natur wie eingewoben, sie ist ein Teil von ihr. Der Storch verkündet den Frühling. Unter Umständen ist er auch ein Zeichen für eine neue Geburt.

Farbgebung der Karte

Für die Königin kann man wieder eher zartere Blau- und Grüntöne wählen.

Kelch-König

Kelch-König oder Ritter der Kelche

Element: Wasser

Er ist der König der Elfen und aller anderen zarten und empfindsamen Geschöpfe. Sein Element ist das Wasser, und über seinem Haupt stehen die Venus und der Mond. Er lebt stärker seine weibliche Seite und ist einfühlsam und herzlich. In seiner Nähe fühlt man sich wohl und geborgen.

Seiner großen Offenheit wegen ist er leicht verletzbar, und der Schmerz kann ihn stärker und länger treffen als andere. Deswegen muß er sich schützen. Viele Menschen tragen den Kelch-König tief verborgen in ihrem Herzen. Man sagt, daß auch die Elfen sich weit von den Menschen zurückgezogen haben, weil sie ihre Grobheit nicht mehr ertragen konnten. Durch seine Verbundenheit mit dem Wasserelement wird er zum Heiler und Therapeuten unter den Königen.

Die Karte steht immer für einen herzlichen und gefühlvollen Mann, in Partner-Sitzungen für den Liebhaber. Dabei ist wichtig, daß der Mann, für den die Karte steht, nicht immer seine tiefen Gefühle zeigt. Z. B. kann eine Frau für ihren Partner den Kelch-König aufdecken und glauben, daß nach ihrer Erfahrung diese Karte nicht zu diesem Mann passen würde. Dann ist es wichtig, danach zu forschen, warum der Mann sich verschlossener gibt, als er in Wirklichkeit ist.

Als Signifikator: Für den Fragenden, wenn es um Angelegenheiten des Gefühls oder des Herzens geht.

Aussage

Ein reifer, zärtlicher und gefühlvoller Mann
Der Fragende selbst oder ein guter Freund im Leben des Fragenden
Für die Frau: Der Herzensmann, der Lebenspartner
Auch der gefühlvolle, liebevolle Vater

Spielkarten

Herz-König

KÖNIG der KELCHE

Rtuer der CK lrfe

Anmerkungen zur Karte Kelch-König oder Ritter der Kelche

Kelch-König bei Famira

Der König trägt ein Kleid aus Fischschuppen. Im Hintergrund erkennt man die Mondsichel, ein anderes Symbol für das Gefühl.

König der Kelche bei Waite

Der König ruht völlig versunken auf einem steinernen Thron, der auf dem Wasser schwimmt. Als Amulett trägt er einen Fisch, Symbol für die tiefe Seelenverwandtschaft zwischen Fisch, Wasser und Gefühlen.

Ritter der Kelche bei Crowley

Er besitzt große Flügel und scheint mit seinem Pferd durch die Lüfte zu segeln. In seinem Kelch befindet sich ein Krebs, Symbol für das tiefe Reich der Gefühle. Der Pfau, ein königliches Tier, zeigt die Vollendung an, die der Prinz der Kelche in sich gefunden hat.

Farbgebung der Karte

Die Farben können auf dieser Karte wieder stärker aufgetragen werden, weil der König sein Element aktiv und nach außen gerichtet vertritt.

Schwert-Page

Schwert-Page oder Prinzessin der Schwerter

Element: Luft

Er ist eine Gestaltung der Luft und kann ein Mann oder eine Frau sein. Wie alle Hofkarten der Schwerter begreift er sich und die Welt mit seinem Kopf. Er möchte das Lebendige einordnen und es nach seinen Idealen gestalten. Er ist nicht völlig unversöhnt mit der natürlichen und lebendigen Welt wie die anderen Hofkarten der Schwerter. Oft hält er auf den Darstellungen einen Palmenzweig in einer Hand als Geste des Friedens. Aber das Schwert in der anderen zeigt seine Bereitschaft zum Nein und zum Trotz.

Die Karte weist manchmal auch auf einen versteckten Konflikt oder ein unausgesprochenes Problem des Fragenden hin. In jedem Falle ist es beim Auftauchen dieser Karte wichtig, nachzufragen, ob nicht noch andere, unausgesprochene Fragen anstehen könnten.

Der Schwert-Page signalisiert manchmal auch Wut und Zorn, die der Fragende oder die Person, für welche die Karte steht, nicht auszusprechen vermag. In einer Tarot-Sitzung, in der diese Karte für den Fragenden selbst aufgedeckt wird, muß man als Berater mit intellektuellen Widerständen des Fragenden rechnen.

Als Signifikator: Selten.

Aussage

Ein komplizierter, eigenwilliger und verkopfter junger Mann
Eine junge Frau mit den gleichen Eigenschaften
Der Fragende oder ein Mensch aus seinem Leben. Auch eine Person, die eine Auseinandersetzung beginnt
Auch das Kind des Fragenden

Spielkarten

Eichel-Bube, Kreuz-Bube, Eichel-Unter, Kreuz-Unter

Anmerkungen zur Karte Schwert-Page oder Prinzessin der Schwerter

Schwert-Page bei Famira

Ein junger Mann hält in der einen Hand ein Schwert (Kampfbereit-schaft) und in der anderen einen Palmenzweig (Friedfertigkeit).

Bube der Schwerter bei Waite

Der Page bei Waite hält das Schwert in beiden Händen, wendet aber den Kopf ab.

Prinzessin der Schwerter bei Crowley

Selbst wie ein Lichtblitz, scheint die Prinzessin der Schwerter mit Feuer und Rauch zu kämpfen. Neben ihr steht ein Altar, den sie verteidigt.

Farbgebung der Karte

Gelb ist die Farbe des Lichtes, das ein Erkennen erst ermöglicht. Daher gilt Gelb auch als Farbe des Verstandes. Je heller das Gelb ist, um so reiner sind die Kräfte des Geistes, für die der Farbton steht. Die Hof-karten der Schwerter zeigen Stadien, die der Intellekt auf seiner Suche nach Wahrheit durchwandert. Wie bei den anderen Hofkarten sollte man auch hier verschiedene Gelbtöne und Gelbmischungen als Aus-druck für die unterschiedlichen Manifestationen verwenden. Für den Pagen wäre ein leichtes, helles Gelb am geeignetsten.

Schwert-Ritter

Schwert-Ritter oder Prinz der Schwerter

Element: Luft

Er ist der dunkle Ritter der Nacht. Sein Pferd ist eisig wie der Wind des Nordens; getrieben von innerer Panik, spornt es der Ritter immer weiter an, gegen die Menschen, gegen das Leben, gegen sich und die Welt. Der Schwert-Ritter kann Zerstörung bringen, aber er symbolisiert nicht den Tod der Trumpfkarte XIII, der erneuert und erlöst. Der Schwert-Ritter zerstört aus Angst vor dem Leben. Er ist die Konsequenz des menschlichen Egoismus und der Feind alles Lebendigen und Natürlichen. Wo er auftritt, verstummen die Seelen wie ein Vogel beim nahenden Sturm. Das Leben wird verkopft, zwanghaft und intellektuell. Dann geht es um Recht und Ordnung, um Rechthaben und Wichtigsein. Sein wirrer Geist ruht nicht eher, bis alles Lebendige unter seiner Kontrolle ist.

Wird die Karte des Schwert-Ritters in einer Tarot-Sitzung für den Fragenden selbst aufgedeckt, so ist mit starker intellektueller Abwehr des oder der Fragenden zu rechnen. Oft ist der Widerstand sogar stärker als die Einsicht. Dann ist es für den Gesprächsführer wichtig, sich behutsam auf eine andere Ebene, z. B. die der Gefühle zu bewegen und intellektuelle Diskussionen zu vermeiden.

Deckt ein Tarot-Spieler für sich selbst den Schwert-Ritter auf, dann ist es wichtig zu fragen, was der Anlaß für eine so intellektuelle Haltung sein könnte. Oft ist der Grund eine tiefe Verletzung, die sich aber nicht zugestanden wird.

Als Signifikator: Selten.

Aussage

Ein rechthaberischer, ›verkopfter‹ Mensch, Mann oder Frau
Der Fragende in dieser Situation oder ein Mensch im Leben des Fragenden mit der Bedeutung der Karte
Auch eine starke Gegenkraft des Fragenden

Spielkarten

Eichel-Ober, Kreuz-Ober

Anmerkungen zur Karte Schwert-Ritter oder Prinz der Schwerter

Schwert-Ritter bei Famira

Bei Famira wirkt der Schwert-Ritter noch drängender, als wäre er von Panik getrieben.

Ritter der Schwerter bei Waite

Wie ein Sturmwind scheint er gegen den Wind anzurennen. Er wirkt besessen und zum Äußersten entschlossen.

Prinz der Schwerter bei Crowley

Der Wagen des Prinzen wird von drei beflügelten Kindern gezogen, die das Gefährt in die verschiedensten Richtungen steuern. Für Crowley ist dies ein Sinnbild der Gedanken, die – leicht wie Luft – überallhin drängen. Der Prinz versucht, diese Kräfte mit Hilfe der Zügel und seines Schwertes zu lenken.

Farbgebung der Karte

Der Schwert-Ritter vertritt sein Element am vehementesten. Die Gelbtöne sollten daher intensiv, grell und stark schwefelig sein. Auch dunkle Töne können beigemischt werden.

Schwert-Königin

Schwert-Königin oder Königin der Schwerter

Element: Luft

Sie ist die Königin der Dunkelheit. Als Sphinx lockt sie alle Geschöpfe an, sich mit ihr zu messen. Jedem, der ihre Fragen nicht beantworten kann, bringt sie Kummer und Verderben. Der Mensch müßte sich nur von ihrer Anziehung befreien. Doch immer wieder sucht er die Prüfung unter ihren durchdringenden Augen.

Sie hat die Gestalt der strafenden und verurteilenden Mutter. Sie hat Angst vor Nähe, weil sie nur aus der Distanz heraus ihre Überlegenheit ausspielen kann – und sie hat Angst vor Liebe und rächt sich dafür am Leben. Aber sie ist auch die Tochter, die sich aus der Bevormundung durch andere befreien und unkonventionelle Wege gehen will.

Wer die Karte für sich selbst zieht, wird daran erinnert, daß er sich selbst zu wenig annimmt und zu hohe Ansprüche an sich stellt. Es gibt aber durchaus auch Situationen, in denen die Schwert-Königin eine adäquate Karte ist. Z. B., wenn sich eine Frau von ihrem Mann lossagen will, der sie unterdrückt, oder wenn sie sich aus einer beruflichen Situation befreien will, in der sie sich erniedrigt fühlt. Es kommt auf die Fragestellung und eine genaue Erörterung des Problems an. Wird die Karte für jemand anderes aufgedeckt, bedeutet es, daß der Fragende mit diesem in einem inneren Kampf steht.

Als Signifikator: Selten, höchstens in der oben beschriebenen Situation einer sich emanzipierenden Frau.

Aussage

Eine bestimmende, abweisende und kalte Frau
In bestimmten Situationen auch die sich befreiende Frau
Die Fragende oder eine Frau in ihrem Leben, mit negativen Kräften
Auch die versagende und verurteilende Mutter

Spielkarten

Keine Entsprechungen

Anmerkungen zur Karte Schwert-Königin

Schwert-Königin bei Famira

In Famiras Version ist die Schwert-Königin eine Amazone, die für ihr Recht und ihre Befreiung kämpft.

Königin der Schwerter bei Waite

An ihrem Thron befindet sich ein Engelskopf und Schmetterlinge als Zeichen der Erneuerung.

Königin der Schwerter bei Crowley

Die Königin trägt eine Krone aus Sternen und darüber einen Kinderkopf. In ihrer Hand hält sie das abgeschlagene Haupt eines bärtigen Mannes. Das ist ein Zeichen, daß sie sich von alten und überholten Einstellungen mit Gewalt trennen wird und das Neue (das Kind) energisch durchsetzen wird.

Farbgebung der Karte

Für die Schwert-Königin können die Gelbtöne und Mischungen wieder leichter und heller sein.

Schwert-König

Schwert-König oder Ritter der Schwerter

Element: Luft

Er ist der König der Geister und aller formlosen Geschöpfe der Nacht. Sein Element ist Luft, und über seinem Haupt steht Pluto, der gewaltige Dunkle. Er ist der Herrscher der Gedanken und Vorstellungen, der Ideen und Phantasien. Er sieht die Welt nicht wie sie ist, sondern so, wie er sie sich vorstellt. Er erkennt nicht die Vielfalt des Lebens an, sondern nur sein eigenes Bild von der Welt. Deswegen wirkt er manchmal so rechthaberisch und stur, so hart und unnachgiebig. Niemand ist so schwierig wie der Schwert-König. Bis zur Selbstzerstörung hält er an seiner Idee fest. Er hat das Vertrauen in die Existenz verloren und kann daher nicht mit dem Leben fließen. Als Mann und Partner ist er kompliziert, eifersüchtig und mißtrauisch. Wenn er auftaucht, werden Beziehungen schwer und problematisch. Er ist der Schatten des Lebens, dem man immer wieder begegnen muß, um über das Leid hinauszuwachsen.

Deckt der Tarot-Spieler den Schwert-König für sich selbst auf, so wird er aufgefordert, seine momentane Lebenseinstellung zu hinterfragen und mehr Liebe und Großzügigkeit in sein Leben einfließen zu lassen. Wie bei der Karte der Schwert-Königin, sind aber auch Situationen möglich, in denen der Schwert-König die nötige Kraft signalisiert, sich aus einer unwürdigen Situation zu befreien.

Als Signifikator: Höchstens für einen Gegner des Fragenden.

Aussage

Ein schwieriger und komplizierter Mann
Der Fragende selbst oder ein bedeutsamer Mann in seinem Leben
Auch der schreckliche und verurteilende Vater
Der Schatten der Seele
Der Wunsch nach Befreiung

Spielkarten

Eichel-König, Kreuz-König

KÖNIG der SCHWERTER

Ritter der Schwerter

Anmerkungen zur Karte Schwert-König oder Ritter der Schwerter

Schwert-König bei Famira

Famiras Schwert-König hat sich weit von den Menschen entfernt. Aus dieser Distanz heraus kann er seinen lebensübergreifenden und, oft genug, auch seinen lebensfeindlichen Gedanken nachgehen.

König der Schwerter bei Waite

Kalt und unerbittlich thront der König der Schwerter über der Landschaft.

Ritter der Schwerter bei Crowley

Bewaffnet mit zwei Schwertern fliegt der Schwert-Ritter Crowleys durch die Luft, begleitet von drei Schwalben. Das Bild ist ein Ausdruck ekstatischer Gedankenkräfte.

Farbgebung der Karte

Für den König kann die Farbgebung wieder intensiver und greller werden. Auch dunkle Farben spiegeln den Charakter des Königs der Schwerter gut wider.

Stern-Page

Stern-Page oder Prinzessin der Scheiben

Element: Erde

Er kommt aus dem Reich der Sterne, um in einer neuen, irdischen Gestalt sein Karma zu erfüllen. Er liebt das Leben, aber tief in seinem Inneren spürt er die Sehnsucht, über das, was ist, hinauszugehen. Er sucht in allen Himmelsrichtungen und in alten Schriften. Er studiert die Sterne und befragt den Geist des Tarot. Er erfährt immer nur das gleiche, daß er loslassen und immer wieder von neuem beginnen muß. Oft verliert er seinen Weg. Aber in seiner Seele lebt der Adler, der nur auf den Wind wartet, um davongetragen zu werden, weit in die Unendlichkeit.

Oft wird der Stern-Page für den Beginn eines neuen Lebensabschnittes aufgedeckt. Die Karte kann auch den Beginn einer Therapie oder Selbsterfahrungsgruppe signalisieren. Als Bote steht er für Nachrichten, die den inneren Lebensweg eines Menschen beeinflussen, manchmal auch für eine Person, die den Fragenden auf neue Wege führt oder auf neuen Wegen begleitet.

Wird die Karte für ein Kind aufgedeckt, so wird die Unschuld und natürliche Lernbereitschaft des Kindes betont.

Als Signifikator: Selten. Höchstens für ein Kind.

Aussage

Ein Mensch (Frau oder Mann) auf der Suche nach seiner Selbstverwirklichung
Der Fragende oder eine wichtige Person in seinem Leben
Auch ein Bote, ein Kind

Spielkarten

Karo-Unter, Schell-Unter, Karo-Bube, Schell-Bube

BUBE der MÜNZEN

Prinzessin der Scheiben

Anmerkungen zur Karte Stern-Page oder Prinzessin der Scheiben

Stern-Page bei Famira

Eine Gestalt ähnlich dem Narren steht auf der Weltkugel und hält einen Stern in beiden Händen.

Page der Münzen bei Waite

Als spiele er mit einem leuchtenden Ball, hält der Bube der Münzen seinen Fünfstern in beiden Händen und betrachtet ihn völlig versunken.

Prinzessin der Scheiben bei Crowley

In einem Hain heiliger Bäume steht die Prinzessin der Scheiben und scheint in sich versunken. Ihr Stab trägt einen leuchtenden Kristall und in ihrer Hand hält sie eine Blüte, in deren Mitte das chinesische Yin-Yang-Zeichen ist. Auf ihrem Kopf trägt sie Hörner, als Zeichen des Aufbruches und des Neubeginns.

Farbgebung der Karte

Die beiden wichtigsten Farben für die Stern-Karten sind Gold und Weiß, weil sie vollendete Farben darstellen. Aber auch die Farben Blau und Violett (für Glaube und Hingabe), Grün (für Kreativität und Reifung) und Rot als Farbe der spirituellen Kraft eignen sich.

Stern-Ritter

Stern-Ritter oder Prinz der Scheiben

Element: Erde

Er greift nach dem Licht der Sterne. Er ist wie Parzival, der den heiligen Gral sucht. Sein Ziel ist das Land der Morgensonne, und sein Pferd ist rein wie der frische Wind des Ostens.

Seine Suche nach Wahrheit treibt ihn durch die ganze Welt, läßt ihn nicht ruhen, bis er seinem Ziel näher kommt. Überall kann man ihn treffen, und nirgends hält es ihn. Alle Begegnungen sind nur Berührungen mit dem Raum und der Zeit. Er ist wie Siddharta oder wie Goldmund, die ihrer inneren Stimme bis zu ihrer Erlösung folgen müssen.

Wird die Karte für den Fragenden aufgedeckt, so kündet sie von einem ›Aufbruch zu neuen Ufern‹. Dabei geht es immer darum, dem Leben eine neue, sinnhaftere Seite abzugewinnen. Für Partnerfragen steht der Stern-Ritter für eine Verfeinerung der Beziehungsebene, z. B., daß eine vorwiegend erotische Verbindung auch seelische Schwingungen mit aufnimmt. Der Ritter verlangt, daß etwas Neues getan wird. In einer therapeutischen Situation kann die Karte auch darauf hinweisen, daß der Fragende bereit ist, sich tiefer und aktiver in den Selbsterfahrungsprozeß einzulassen.

Steht die Karte für eine andere Person als den Fragenden selbst, dann wird immer auf den freundschaftlichen und integren Charakter dieses Menschen hingewiesen.

Als Signifikator: Für Fragen nach dem richtigen Weg.

Aussage

Ein suchender, mystischer Mann oder eine Frau
Der Fragende selbst oder ein vertrauensvoller Mensch in seinem Leben
Auch der ergebene Schüler eines Lehrers oder Meisters

Spielkarten

Karo-Ober, Schell-Ober

RITTER der MÜNZEN

Prinz der Scheiben

Anmerkungen zur Karte Stern-Ritter oder Prinz der Scheiben

Stern-Ritter bei Famira

Wie eine Lichtkugel hält der Ritter bei Famira seinen Stern in beiden Händen. Im Hintergrund geht die Sonne auf.

Ritter der Münzen bei Waite

Der Ritter sitzt ruhig auf seinem Pferd und betrachtet die Sternkugel wie einen Kompaß, um seinen Weg neu zu bestimmen.

Prinz der Scheiben bei Crowley

Der Stier, der nackte Mann und die vielen Blüten signalisieren Fruchtbarkeit. Die Weltkugel mit den geometrischen Symbolen manifestiert die sich universell ausbreitende Kraft göttlicher Schöpfung.

Farbgebung der Karte

Der Ritter repräsentiert neben dem König sein Element am stärksten. In der Farbgebung sollte dies durch besonders intensive und leuchtende Farben zum Ausdruck kommen.

Stern-Königin

Stern-Königin

Element: Erde

Sie ist die Königin des Lichtes, die alle Gestaltungen der Frau in sich trägt. Sie ist Mutter, Geliebte und Schwester. Sie kann sich binden, aber auch wieder lösen. Sie geht Freundschaften ein und kann genauso gut mit sich allein sein. Sie verkörpert die Frau, die ihre Weiblichkeit annimmt und sich trotzdem nicht in ihr verliert. Sie sucht das Leben, aber auch die Erlösung, die Vollendung über das Leben hinaus.

Ihre Nähe ist wohltuend, und die feinen Schwingungen ihrer Seele geben Ruhe und Frieden. Sie ist die weiseste und erhabenste Schwester unter den Königinnen, die ›Hohepriesterin‹ unter den Frauen.

Für Partnerfragen verweist die Karte der Stern-Königin auf eine freundschaftliche, manchmal sogar platonische Liebe. Es ist wichtig, den Unterschied zur Kelch-Königin zu beachten. Diese folgt spontan den Schwingungen ihres Herzens und kennt daher auch die Verwirrungen der Liebe. Die Stern-Königin dagegen bleibt emotional ungebunden, in gewisser Weise auch neutral.

Verweist die Karte auf eine andere Person, so benennt sie eine wichtige Lebensgefährtin, die zu der Fragenden in einem seelenverwandtschaftlichen Verhältnis steht.

Als Signifikator: Für alle Fragen, die über das unmittelbare Leben hinausgehen. Selbsterfahrung, Meditation, Spiritualität, Nähe zu einem Meister

Aussage

Eine feine, innerlich klare und lebenserfahrene Frau, mystisch und voller Geheimnisse. Die Fragende selbst oder ein bedeutsamer Mensch im Leben der Fragenden.

Spielkarten

Keine Entsprechung

Anmerkungen zur Karte Stern-Königin

Königin der Sterne bei Famira

Bei Famira sitzt die Königin im Lotussitz in stiller Meditation.

Königin der Münzen bei Waite

Die Königin bei Waite ruht in einer paradiesischen Landschaft.

Königin der Scheiben bei Crowley

Am Rande einer Wüste ruht die Königin in einer fruchtbaren Landschaft. Auch sie hält die Weltkugel als Symbol allumfassender Fruchtbarkeit in ihrem Arm. Der Steinbock im Vordergrund verweist auf die emotionale Klarheit der Königin.

Farbgebung der Karte

Bei der Königin können leichtere Farben benutzt werden.

Stern-König

Stern-König oder Ritter der Scheiben

Element: Erde

Er ist der König des Lichtes und der Unendlichkeit. Sein Element ist die Erde, aber im Zeichen des unendlichen Fünfsterns wächst der Mensch über seine irdische Gestalt hinaus. Seine Planeten sind Saturn, Hüter der Wirklichkeit, und die transsaturnischen Gestirne Uranus, Verwandler, und Neptun, Erlöser.

Der Stern-König kennt das Leben und die Menschen. Er ist klug und weise. Er nimmt nichts zu wichtig, am allerwenigsten sich selbst. Er sieht hinter die Oberfläche, sucht die Tiefe und Unvergänglichkeit. Seine Nähe ist wohltuend und beruhigend. Er liebt die Gegenwart anderer Menschen, aber genauso sucht er immer wieder die Einsamkeit. Er ist der Meister unter den Königen und die höchste Gestaltung unter den Hofkarten des Tarot.

Wie die Karte der Stern-Königin verweist auch der Stern-König in Partnerfragen auf eine freundschaftliche Beziehungsebene. Sexualität und Erotik spielen für ihn keine zentrale Rolle; es geht ihm eher um einen geistigen Austausch oder um eine Verbindung, aus der beide Partner schöpfen und sich entwickeln können.

Steht die Karte nicht für den Fragenden selbst, so verweist sie auf einen wichtigen Menschen im Leben des Fragenden, eventuell auch auf einen Therapeuten, Lehrer oder Meister.

Als Signifikator: Für Fragen, bei denen es um Sinn und Erfüllung des Lebens geht.

Aussage

Ein verständnisvoller, gütiger und weiser Mann
Der Fragende selbst oder ein Mensch im Leben des Fragenden
Auch der verständnisvolle, gütige Vater
Eine Personifizierung des Lichtes, ein Lehrer oder Meister

Spielkarten

Karo-König, Schell-König

KÖNIG der MÜNZEN

Ritter der Scheiben

Anmerkungen zur Karte Stern-König oder Ritter der Scheiben

Stern-König bei Famira

Der Stern-König ruht eingehüllt in einen Sternenmantel erfüllt in sich selbst.

König der Münzen bei Waite

Als Zeichen der Fruchtbarkeit ist der Thron des Königs mit Stierköpfen geschmückt. Das Kleid scheint aus Weinreben geflochten zu sein.

Ritter der Scheiben bei Crowley

Er trägt einen Dreschflegel in seiner Hand und steht inmitten reifen Getreides. So ist der Ritter bei Crowley ein Zeichen für Ernte, Reife und Arbeit.

Farbgebung der Karte

Alle Farben, die rein und leuchtend sind, können zur Anwendung kommen.

Legemethoden und Beispiele

Eine Legemethode mit zwei Karten

Diese Methode ist immer dann geeignet, wenn man eine Entscheidungshilfe sucht.

Man mischt die Karten, hebt ab und legt sie aus. Diesesmal sollen zwei Karten durch ahnungsvolles Berühren der Kartenrückseiten ausgewählt werden. Dabei geht man so vor, daß man zunächst für die eine Alternative eine Karte auswählt und sie verdeckt auf die Seite legt. Danach sucht man eine Karte für die andere Alternative aus. Erst jetzt werden beide Karten umgedreht, und es wird versucht, den Rat des Tarot in die Überlegungen zur Entscheidungsfindung mit einzubeziehen.

1. Beispiel

Ein Mann möchte seinen Chef um eine Gehaltsforderung bitten. Er weiß nicht, ob er noch warten oder sofort auf sein Ziel zustürmen soll. Er zieht zwei Karten: Für das Warten wird die Karte Kelch-As aufgedeckt. Es ist ein wunderschönes Bild, das einen Kelch mit Lotusblüten zeigt. Für das direkte Vorgehen erhält er die Karte Zerstörung (Karte XVI der Trumpfkarten).

Das Bild zeigt einen Turm, der zerbricht, und von dem zwei Menschen herunterstürzen.

Die Antwort ist eindeutig, und der Mann entschließt sich, wenigstens bis zum nächsten Tag zu warten, um dann die Karten erneut zu befragen.

Ein Tarot-Zauberspruch

Dieses alte Legemodell stammt von den Zigeunern. Es hört sich an wie eine Beschwörung. Man zieht sieben Karten mit folgender Anweisung:

1. Karte: ›Mein Ich‹. 2. Karte: ›Was mich deckt‹. 3. Karte: ›Was mich schreckt‹. 4. Karte: ›Was mich treibt‹. 5. Karte: ›Was mir bleibt‹. 6. Karte: ›Was mir die Zukunft bringt‹. 7. Karte: ›Was mich zu Boden zwingt‹.

2. Beispiel

Ein 40jähriger Mann bittet in einer Selbsterfahrungsgruppe darum, ihm die Karten zu legen. Er hat keine bestimmte Frage, er will ›gerade mal so wissen‹, was das Tarot ihm zu sagen hat. Nach dem Mischen und dreimaligen Abheben wählt er folgende Karten aus:

Schaubild

Anschließend ergibt sich folgender Dialog zwischen ihm (F) und dem Seminarleiter (S):

(S) »Oben ist das Kelch-As. Kannst du sagen, was diese Karte für dich bedeutet? Sie steht für dein Ich.«

(F) »Ja, ich freue mich darüber. Ich fühle, daß ich zur Zeit mehr akzeptiere, so zu sein, wie ich bin. Auch die Sonne mag ich. Sie deckt mich. Da kann mir eigentlich nichts passieren. Aber was bedeutet die Schwert-2?«

(S) »Die Sonne schützt dich. Du lebst unbeschwert und sorglos, frei wie ein Kind der Sonne. Du hast Vertrauen in die Existenz. Aber, was dich schreckt ist das Schwert; du möchtest in der Unbeschwertheit der Sonne bleiben und dich nirgends festlegen; daher hält die Frau auf der Karte (Schwert-2) die beiden Schwerter in einer Weise, als wolle sie demonstrieren: ich will und kann mich nicht entscheiden, ich kann ja auch gar nichts sehen, ich will meinen Frieden, meine schöne Welt... Was dich treibt, ist die Suche nach Glück, Abenteuer und Erfolg (Stab-6), und was dir bleibt, sind Angriff und Neid (Stab-7). Das kostet Kraft, auch wenn du der Herausforderung gewachsen bist. Diese Karte (Kelch-2) zwingt dich zu Boden. Das heißt, daß eine Begegnung, möglicherweise eine Beziehung, eine Frau, dich in die Knie zwingen will oder wird. Es sieht so aus, als wolltest du mehr Freiheit, als dir andere zu geben bereit sind. Aber du bist auch selbst nicht ganz sicher, wie du leben möchtest.«

Die Vermutungen des Seminarleiters werden von (F) bestätigt. Nach einer fünfzehnjährigen Beziehung möchte er jetzt frei und ungebunden leben, nehmen, was kommt.

(F) »Aber dann begegne ich einer Frau, verliebe mich und schon sitze ich in der Falle. Bleibe ich mit der Frau, verliere ich meine Unabhängigkeit, anderenfalls verliere ich die Frau. Am liebsten hätte ich beides, aber da spielt keine Frau mit.«

(S) »Die Zukunft bringt dir die Hohepriesterin, die magische Frau. Sie bleibt ganz bei sich, spürt nur ihre eigene innere Stimme, und sie lebt im Augenblick. Freiheit, Unabhängigkeit und Abhängigkeit sind doch nur Worte, solange sie nicht gespürt werden. Die Hohepriesterin bleibt sich treu, und das ist das einzige, was zählt.«

Anmerkung: Erfahrungsgemäß macht die Karte ›was mich zu Boden zwingt‹ die größte Schwierigkeit. Gemeint sind Bedingungen, Situationen, Ereignisse und Personen, die einem die Wirklichkeit vor Augen führen. Manchmal ist es die nüchterne Realität oder ein Ereignis, das einem die Augen öffnet über das, was wirklich ist.

Das Keltische Kreuz

Das Keltische Kreuz ist wohl das älteste Legemodell und wird in den meisten Tarotbüchern beschrieben. Bevor die Karten gemischt und ausgelegt werden, muß ein Signifikator bestimmt werden. Es ist eine Karte, die den Fragenden darstellt und näher benennt (significare bedeutet benennen) oder einen eindeutigen Bezug zu seiner Frage hat. Stellt ein Mann die Frage, wählt man eine Königskarte, für eine Frau eine Königin. Für Angelegenheiten des Gefühls bestimmt man eine Kelchkarte. Wenn es um Geld geht oder bei Fragen nach dem weiteren Schicksal, nimmt man eine Sternkarte und wenn die Gesundheit in Frage steht, wird eine Stabkarte zum Signifikator. Bei Angelegenheiten schwerer oder unangenehmer Art bringt man eine Schwertkarte ins Spiel. Der Signifikator kommt aufgedeckt in die Mitte. Die anderen Karten werden gemischt und verdeckt ausgelegt. Der Fragende wählt zehn Karten mit den folgenden Anweisungen:

»Die erste Karte, die ich auswähle, umhüllt mich. Diese Karte stellt die Einflüsse dar, die auf mich einwirken. Auch die Atmosphäre oder das Klima. Mit dieser Karte bedecke ich den Signifikator.

Die zweite Karte kreuzt mich. Sie verweist auf Hindernisse. Ist es eine günstige Karte, wird ihr hemmender Einfluß geringer als bei einer ungünstigen. Ich lege sie kreuzweise über die erste Karte.

Die dritte Karte krönt und vollendet mich. Sie versinnbildlicht, was ich mir bestenfalls erhoffen kann.

Die vierte Karte steht unter mir. Sie zeigt das Fundament der Angelegenheit. Das, worauf ich mich verlassen kann.

Die fünfte Karte verweist auf die Vergangenheit. Das, was bereits geschehen ist. Das, was hinter mir liegt.

Die sechste Karte zeigt in die Zukunft. Was vor mir liegt, was in naher Zukunft wirkt.

Die siebte Karte zeigt mich, wie mich das Tarot im Zusammenhang mit der Frage sieht.

Die achte Karte zeigt mein Heim und meine Umgebung.

Die neunte Karte verweist auf meine Hoffnungen und Ängste in bezug auf meine Frage.

Die zehnte Karte zeigt das letztendliche Ergebnis, die Finalität, das, was durch die Karten hervorgebracht wird.«

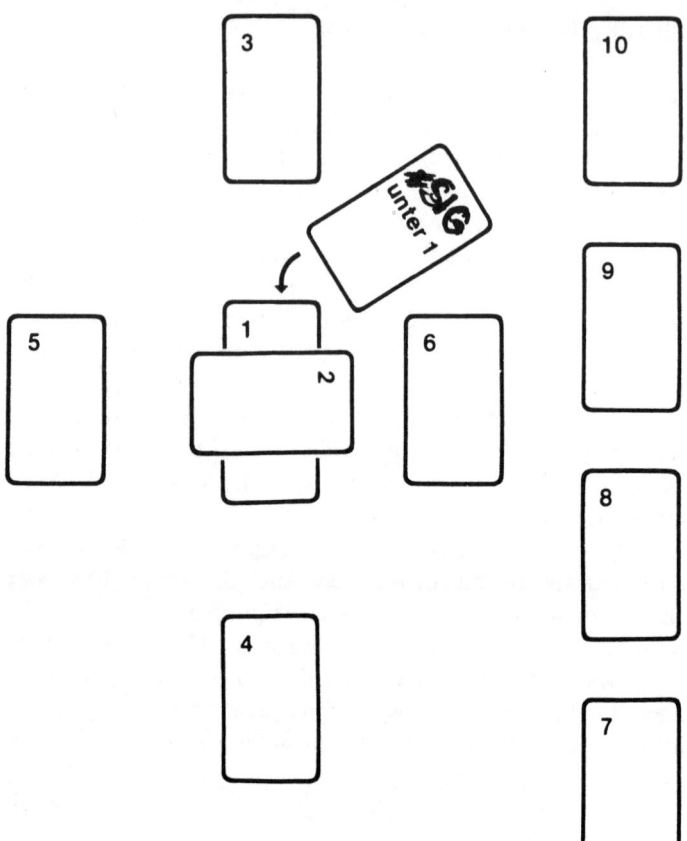

SIG bedeutet Signifikatorkarte.
Die Ziffern geben die Reihenfolge
der Karten wieder.

3. Beispiel

Ein 35jähriger Mann möchte die Karten befragen. Er ist seit sieben Jahren Psychologe in einer Klinik für Alkoholkranke. Die Arbeit erfüllt ihn, aber sie zehrt auch an ihm. In letzter Zeit trägt er sich häufig mit dem Gedanken zu kündigen, etwas Neues anzufangen. Als Signifikator wird der Stab-König gewählt. Er steht für Kraft und neue Unternehmungen.

Schaubild

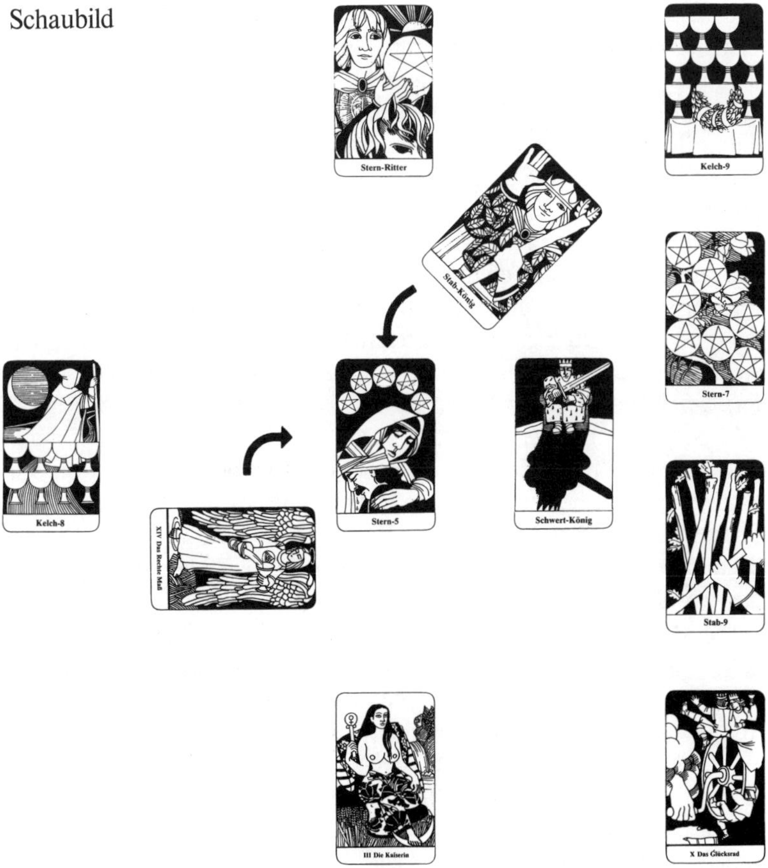

Stern-Ritter

Kelch-9

Stab-König

Stern-7

Kelch-8

XIV Das Rechte Maß

Stern-5

Schwert-König

Stab-9

III Die Kaiserin

X Das Glücksrad

Es ergibt sich folgender Dialog zwischen ihm (A) und dem Seminarleiter (S):

(S) »Bei deiner Arbeit geht es um Mitgefühl (Stern-5). Das kann heißen, daß du Trost gibst, aber auch, daß du selber Hilfe suchst.«

(A) »Beides. Ich gebe viel, aber manchmal fühle ich mich ausgebrannt, völlig leer.«

(S) »Was dich kreuzt, ist diese Karte. Sie heißt Rechtes Maß oder Temperance. Ihre Bedeutung ist schön, ich mag sie gerne. Dieser Engel könnte dir sagen: Bleibe in der Mitte, verliere deine Balance nicht.«

(A) »Genau das sage ich mir auch. Aber die Karte steht doch gegen mich. Heißt das, daß ich zuviel abwäge, daß ich zu vorsichtig bin?«

(S) »Du kannst gar nicht anders. Wenn diese Karte gegen dich ist, dann hält sie dich im Zaum. Man kann nicht einfach eine siebenjährige Arbeit hinwerfen. Da muß alles doppelt und dreifach abgewogen werden. Die Ursache dafür liegt hier, in der Gestalt des Schwert-Königs. Der steht vor dir, in deiner Zukunft. Ihn mußt du überwinden, wenn du dich befreien willst. Er ist so etwas wie dein innerer Übervater, der dir ständig vorhält, was du falsch machst und noch besser überlegen sollst, damit du ja keine Dummheiten machst. Er ist die personifizierte Kontrolle. Was ich noch sehe, ist dies: In deinem Herzen hast du dich längst entschieden, deine Arbeit zu verlassen (Kelch-8 in der Vergangenheit), weil dich das ewige Leid aushöhlt (Stern-5 auf Signifikatorkarte). Deine Vorstellung, sozusagen dein Idealbild, ist der Stern-Ritter. Du möchtest frei sein, ungebunden und offen für das Leben. Der Boden, auf dem du stehst, ist fest. Du kannst ihm vertrauen. Dies ist ein schönes Bild. Du stehst fest auf der Erde (Kaiserin) und siehst in den Himmel (Stern-Ritter). Jetzt diese Karten: Unten ist das Glücksrad, das Rad des Schicksals. So sieht dich der Geist des Tarot. Das ist bedeutsam. Du mußt durch diesen Prozeß der Veränderung, der Erneuerung. Nicht du bist es, der sich entscheidet, das Leben hat sich entschieden. Du kannst dich höchstens gegen den Schwung des Rades stemmen. Und schau, das tust du auch. Du stehst allein auf verlorenem Posten, klammerst dich an das, was dir noch bleibt (Stab-9).«

(A) »Ja, das ist es. Ich habe Angst, das bißchen Sicherheit zu verlieren. Unglaublich, was die Karten sagen. Dieser König mit dem Schwert bin ich oft selbst, in meiner Arbeit, wenn ich unseren Patienten ihre Trägheit und Bequemlichkeit vorhalte, und so bin ich auch zu mir.«

(S) »Schau, deine Hoffnungen. Deine Arbeit trägt Früchte (Stern-7). Aber ist es nicht auch die Hoffnung, selbst weiterzuwachsen? Das Ergebnis, das was herauskommt, kann sich sehen lassen. Du hast acht Kelche verlassen und neun neue gefunden. Ich meine, daß du deinem Schwert-König getrost weniger Aufmerksamkeit schenken kannst.«

Nach drei Monaten treffen sich (A) und der Seminarleiter wieder. Glücklich erzählt (A), er »habe es halb geschafft und gegen den Widerstand seines Chefs durchgesetzt, nur noch halbtags zu arbeiten«. Und er fügt hinzu:

(A) »Es ist schon viel besser, und ich sehe es als ersten Schritt.«

(S) »Ich stimme dir zu. Deine Karten lassen Veränderungen nur schrittweise, maßvoll und unter Kontrolle zu. Die Kelch-9 ist tatsächlich nur eine Stufe zum großen Glück, zum Tanz der zehn Kelche unter dem bunten Regenbogen«.

Anmerkungen: Man kann das Keltische Kreuz auch ohne die Karten sieben, acht, neun und zehn durchführen. Für den Anfänger ist es sogar ratsam, sich auf sechs Karten und den Signifikator zu beschränken. Wichtig ist es, die Karten ›was mich umhüllt‹ und ›was mich kreuzt‹ richtig zu interpretieren. Die erste meint die Art und Weise, wie man sich nach außen zeigt, wie man sich gibt, auch wie man von anderen erlebt wird oder, welche Kräfte noch am Werk sind, derer man vielleicht selbst gar nicht bewußt ist. Die zweite Karte verweist auf Hindernisse, störende Einflüsse von außen und innen und Kräfte, die man berücksichtigen muß.

Der Kreis oder das Jahreshoroskop

Beim Kreis werden zwölf Karten gelegt. Dieses Modell orientiert sich an der Astrologie. Die zwölf Häuser des Tierkreiszeichens werden durch zwölf Karten dargestellt. Wer sich ein wenig mit Astrologie auskennt, hat hier ein Schema, das einen umfassenden Einblick in eine Person oder Sache ermöglicht.

Die einzelnen Karten werden jeweils mit der entsprechenden Frage gezogen und zum Schluß aufgedeckt.

1. Karte: »Wer bin ich?«
Persönliche Eigenschaften, Charakter
2. Karte: »Wie fest stehe ich?«
Besitz, Raum
3. Karte: »Wie leicht kann ich mich bewegen?«
Raumerfassung, soziale Beziehung, Kommunikation
4. Karte: »Wie empfinde ich?«
Gefühlsleben, Beziehung zur Mutter, zum Weiblichen
5. Karte: »Wie drücke ich mich aus?«
Ausdrucksfähigkeit, Beziehung zum Vater, zum Männlichen
6. Karte: »Wie passe ich mich an?«
Aussteuerung gegenüber der Umwelt
7. Karte: »Wie begegne ich anderen?«
Beziehung, Gemeinschaft
8. Karte: »Wovon lasse ich mich leiten?«
Leitbilder, Ideen
9. Karte: »Wie verstehe ich?«
Weltauffassung, Weltverständnis, Sinngebung
10. Karte: »Was bringe ich hervor?«
Arbeit, Beruf
11. Karte: »Was befreit mich?«
Lebensbewältigung, Hilfen und Freunde
12. Karte: »Was erlöst mich?«
Das Religiöse, Transzendentale

Man kann das Geburtshoroskop eines Menschen mit seinem Tarot-horoskop vergleichen und ergänzen. Ein Beispiel würde hier zu weit führen, da es astrologisches Wissen voraussetzt.

Den großen Kreis kann man auch in der Silvesternacht auslegen. Dann wird jede Karte einem Monat des zukünftigen Jahres zugeordnet.

Bewußt — unbewußt — kosmisch

1. Schritt — bewußte Ebene:
»Ich wähle aus den aufgedeckten 78 Karten eine aus. Die Frage dabei lautet: Was glaube ich, welche Karte meine Wünsche am ehesten widerspiegeln könnte?« (Die erste Karte wird also aus den aufgedeckten Karten wissentlich ausgewählt.)

2. Schritt — unbewußte Ebene:
»Ich wähle aus den verdeckt ausgebreiteten Karten eine Karte aus. Fragestellung: Was sagt mein Unbewußtes dazu?«

3. Schritt — kosmische Ebene:
»Ich mische die restlichen Karten, hebe dreimal ab und nehme die oberste Karte. Fragestellung: Wie entscheidet der Kosmos?«

So erhält man drei Karten, die für die drei Ebenen ›bewußt‹, ›unbewußt‹ und ›kosmisch‹ stehen und miteinander verglichen werden können.

4. Beispiel

Eine Frau legte für ihre neu zu eröffnende Naturheilpraxis im Sommer 1986 folgende Karten:

Schaubild

Stern-As  »Was ich will«

Magier  »Was es will«

Hohepriesterin  »Was der Kosmos will«

Die Frau schrieb damals in ihr Tagebuch über diese Karten: »Das Stern-As habe ich ausgewählt, weil es für mich Wissen bedeutet. Der Magier auf der unbewußten Ebene steht für mich auch für die Anstrengungen, die mit dieser Praxiseröffnung verbunden sind. Ich muß wohl auch noch viel lernen. Die Hohepriesterin auf der kosmischen Ebene symbolisiert meinen Auftrag: Heilende Kräfte in mir selbst zu entdecken.«

Die Praxiseröffnung fand dann viel später statt, weil die Betreffende völlig unerwartet ein Angebot erhielt, bei einem indischen Heiler in Bombay zu assistieren. Sie mußte also zuerst in die Welt hinaus (Magier), um mehr über die Alchemie des Lebens (die vier Elemente des Magiers) zu lernen.

Über ihren Aufenthalt in Indien wurde sie Schülerin eines tibetischen Meisters und verbrachte ein weiteres Jahr in einem Kloster (Hohepriesterin). Im Herbst 1989 kam sie zurück und eröffnete kurz darauf ihre Naturheilpraxis in Berlin.

Die Kunst des Tarotspielens

Jeder Anfänger im Tarot wird sich zunächst an feste Lege-Techniken halten. Sie vermitteln Sicherheit, und er kann sich somit völlig mit der Interpretation der Karten beschäftigen. Ist er aber sicherer im Umgang mit den Karten, wird er die festen Schemata eher als starr und inflexibel empfinden. Dann ist es an der Zeit, das freie Spiel mit den Karten zu beginnen.

Dabei richtet sich die Methode nach der Fragestellung und man deckt so viele Karten auf, wie man zur Beantwortung der Frage benötigt. Im folgenden werden Anregungen für dieses seherische Spiel mit den Karten gegeben.

5. Beispiel

(A) eine 30jährige Frau läßt sich in einer Tarotgruppe die Karten legen. Der Berater ist durch (B) gekennzeichnet. Es geht um den weiteren Lebensweg von (A). Sie hat sich entschlossen, ihre Stelle in Deutschland zu verlassen, in der sie seit sieben Jahren arbeitet. Ein bedeutender Psychiater und Therapeut hatte sie gebeten, für ihn in Italien therapeutische Gruppen zu organisieren. In einem gemeinsamen Gespräch wird die Stern-Königin als Signifikator ausgewählt, da sie am ehesten für solche existentiellen Veränderungen steht.

Um einen Einstieg in das Spiel zu finden, bittet der Berater die Frau, die Signifikatorkarte, also die Stern-Königin, so in den bereits gemischen Kartenstapel zu schieben, daß sie mit der Bildseite auf irgendeinem anderen Bild zu liegen kommt. Die Frage dabei ist: »Was sagen die Karten zu der Veränderung?«

Die Stern-Königin liegt zusammen mit der Stab-8.

Schaubild

Signifikator

Stern-Königin

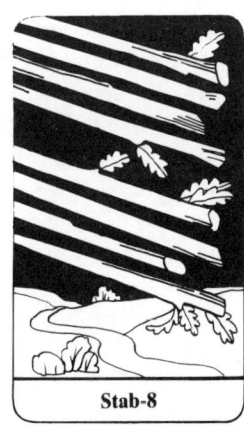

Stab-8

(B) »Die Karten sagen ›Vorsicht‹, ›Achtung‹. Hast du eine Ahnung, was das bedeuten kann?«

(A) »Nein, ich habe ein sehr gutes Gefühl bei meiner Entscheidung.«

(B) »Gut, dann ziehe drei Karten: Wo du herkommst (1). Wo du dich gerade befindest (2). Wo du hingehst (3).«

Schaubild

1   2   3

Stern-10

XXI Die Welt

Schwert-König

(A) »Ja, das stimmt, ich habe mein Zuhause verlassen. Ich fühlte mich in dem alten Beruf wie in einer Familie (Stern-10). Es gab ja nur den Chef, Inhaber einer Agentur für Künstler und mich. Aber ich muß sie verlassen, ich spürte einen starken Drang, und auch die Tarotkarten, die ich früher zog, rieten mir dazu.«

(B) »Vielleicht ist es die Welt, die dich lockte, dein Wunsch nach Unabhängigkeit und Freiheit.«

(A) »Ja, aber was will der Schwert-König in meiner Zukunft? Ich mag ihn nicht. Das kann einfach nicht stimmen.« Temperamentvoll wirft sie die Karten einfach zur Seite.

(B) »Aber du hast ihn für deine Zukunft gezogen.«

(A) »Na ja, der Schwert-König ist ja nicht nur schlecht, oder?«

(B) »Nein, das nicht. Weißt du, was ich glaube. Du bist wieder einmal auf der Suche nach einem Vater und läufst ins offene Schwert.«

(A) ist getroffen. »Quatsch, das stimmt nicht. Ich will neue Karten, andere.«

(B) »Ja, mich würde interessieren, warum du dein Zuhause verlassen hast.«

XIII Der Tod

Sie zieht den Tod, Trumpfkarte XIII für ihre bisherige Arbeit.

(B) interpretiert diese Karte als Zeichen dafür, daß (A) Altes aufgeben mußte, um sich für etwas Neues zu öffnen.

Zwei Wochen später geschieht folgendes: (A) muß sich eingestehen, daß sie mit dem Therapeuten schlecht zusammenarbeiten kann. Seine ›verkopfte‹ Energie und ihr italienisches Feuer prallen ständig aufeinander. Sie beschließen, sich zu trennen. Als sie sich überlegt, wieder zu ihrer alten Stelle zurückzukehren, erfährt sie, daß ihr früherer Chef die Agentur aufgelöst hat, und sich ins Privatleben zurückgezogen hat. Die Karte des Todes hat sich also ebenfalls bewahrheitet.

Tarot und Partnerschaft

Viele Fragen an das Tarot-Orakel drehen sich um Liebe und Partnerschaft. Manche Menschen, die allein sind, fragen, wann endlich der richtige Partner in ihr Leben treten wird. Andere, die in festen Beziehungen leben, sind entweder neugierig, was das Tarot zu ihrer Verbindung sagt, oder greifen in Beziehungskrisen zu den Karten. An drei Beispielen soll die Vielfalt des Tarot erläutert werden.

6. Beispiel

(K), ein Mann, lebt in einer festen Beziehung. Seit längerer Zeit findet er, daß sich seine Partnerin (Y) zurückhält. (K) weiß nicht, wie er ihr Verhalten deuten soll. Der Seminarleiter (S) schlägt ein Legeschema vor. Es heißt ›Kopf, Herz und Bauch‹ und benötigt sechs Karten.

(K) zieht zunächst drei Karten für sich, und zwar eine ›für seinen Kopf‹, eine ›für sein Herz‹ und eine ›für seinen Bauch‹. Dann zieht er mit der gleichen Fragestellung drei Karten für seine Partnerin.

Schaubild

Stern-Königin

XVIII Der Mond

Kopf

VII Der Siegeswagen

XV Der Teufel

Herz

Stab-Königin

Kelch-Königin

Bauch

Es ergibt sich folgender Dialog zwischen (K) und (S):

(S) »In Ihrem Kopf steht die Stern-Königin. Es sieht so aus, als wäre diese Frau Ihr Ideal. Sie ist eine echte Freundin, und steht irgendwie über dem Leben.«

(K) »Ja, das könnte stimmen, ich mag es nicht, wenn sie sich zurückhält, man kann doch über alles reden. Geheimnisse sind in einer Beziehung doch störend.«

(S) »Für den Kopf Ihrer Partnerin haben Sie den Mond aufgedeckt. Das würde bedeuteten, daß (Y) gar nicht so selbstsicher und klar ist. Der Mond spiegelt uns Menschen unsere Angst wider, er wird immer dann aufgedeckt, wenn sich die Seele zurückziehen will. Ihre Partnerin sieht im Moment überhaupt nicht klar. Vielleicht weiß sie nicht einmal, was sie selbst will.«

(K) »Ich verstehe nicht warum...«

(S) »Betrachten wir die anderen Karten: Für Ihr eigenes Herz haben Sie den Siegeswagen gezogen. Vielleicht sagt dies, daß Sie Ihre Gefühle im Griff haben. Aber im Herzen Ihrer Partnerin steht der Teufel. Das kann bedeuteten, daß sie Angst hat. Vielleicht ist es die Furcht, sich in ihren eigenen Gefühlen zu verlieren, vielleicht sogar abhängig zu werden. Ihre Partnerin braucht Zeit und Sicherheit.«

(K) »Ja, genau das sagt sie, sie bräuchte Zeit. Aber warum? Liegt es an mir?«

(S) »Vielleicht gehen Sie auf die Gefühle Ihrer Partnerin zu wenig ein. Aber sicher bringt sie ihre Angst bereits mit in diese Partnerschaft. Möglicherweise stammt sie aus früheren Beziehungen, eventuell sogar aus ihrer Kindheit.

Auf der Ebene des Bauches liegt wieder ein Mißverständnis vor. Für Sie selbst steht die Stab-Königin. D. h., Sie möchten eine vitale Frau, die feurig ist und auch gerne Sex mag. Aber für Ihre Partnerin haben Sie die Kelch-Königin aufgedeckt. Diese Frau ist gefühlvoll und auch liebevoll, aber sie ist nicht so selbstsicher, wie Sie es sich vorstellen.«

(K) »Was kann ich tun?«

(S) »Diese Frage habe ich erwartet. Aber es gibt keine einfache Antwort. Es ist wichtig, daß Sie sich mit Ihren Erwartungen auseinandersetzen. Das Tarot sagt: Ihre Frau liebt Sie, aber sie durchlebt eine Krise, weil sie sich gegen Ihre Erwartungen abgrenzen muß. Lassen Sie ihr Zeit und machen Sie ihr keinen Druck. Vielleicht zeigen Sie ihr auch die Karten, die Sie hier gezogen haben und versuchen, in einem gemeinsamen Gespräch, die Mißverständnisse auszuräumen.«

7. Beispiel

Eine zweiundzwanzigjährige Frau (P) möchte die Karten befragen. Es entstand folgendes Protokoll der Tarotsitzung:

(P) »Ich rotiere völlig, legst du mir die Karten?«

Der Leiter (L) bemerkt ihre Unruhe, und versucht, sie zunächst zu beruhigen, indem er Kerzen anzündet und sanfte Musik auflegt. Man trinkt gemeinsam eine Tasse Tee. Langsam beginnt sie, ihre Geschichte zu erzählen.

(P) »Ich lebe mit einem Paar zusammen. Vorgestern habe ich mit dem Mann geschlafen. Jetzt weiß ich nicht mehr, wie es weitergehen soll. Seine Frau weiß von nichts. Sie sagt, daß sie mich mag, und ich bin ihr gegenüber wie gelähmt. Ich werde verrückt. Was kann ich tun?«

(L) hört ihr interessiert zu und versucht, sich in die Situation der Frau zu versetzen. Erst nach ca. fünfzehn Minuten breitet er die Tarotkarten vor ihr aus.

(L) »Ziehe drei Karten. Die erste ist für dich, die zweite für die Frau und die dritte ist für ihn, den Mann.«

Schaubild

| **Stab-As** | **Stab-Königin** | **Stern-2** |
| P. | Frau | Mann |

(L) »Kann es sein, daß der Mann gar nicht so interessiert ist an dir, daß er nur eine Nacht mit dir verbringen wollte, aber nicht mehr? Weißt du, er scheint mir eher ein Typ zu sein, der solche Nächte recht leichtherzig hinter sich bringt.«

(P) »Ja, genau das frage ich mich auch.«

(L) »Die Stern-2-Karte verweist immer auf Situationen, die leicht und spielerisch sind. Aber die Frau ist das Problem. Sie ist stark, weil die Stab-Königin für sie steht. Du bist auch stark, für dich steht das Stab-As. Vielleicht fühlst du dich von ihr herausgefordert und willst ihren Stab. Ziehe eine vierte Karte: Wie reagiert sie, wenn du dich mit ihr anlegst, den Kampf riskierst?«

(P) »Aber ich will mich doch gar nicht mit ihr anlegen, um die Frau geht es mir doch gar nicht.«

(L) »Ja, so denkst du, aber die Karten sprechen eine andere Sprache. Du kannst es ja einfach einmal ausprobieren, was das Tarot dazu sagt.«

Sie zieht die Stab-7 für die Frau.

Stab-7

(L) »Siehst du, wieder eine Stab-Karte. Und diese besagt: keine Chance, die magische Kraft ist auf ihrer Seite. Sie ist in dieser Position unbesiegbar − und im Recht. Ziehe eine fünfte Karte: Was kannst du sonst tun?«

Kelch-4

(P) zieht die Kelch-4.

(L) »Du übersiehst etwas, du versäumst etwas, du fixierst dich vielleicht zu stark auf die Dreier-Situation, und dann entgeht dir der vierte Kelch.«

(P) »Was ist denn in dem vierten Kelch?«

(L) »Ja, das wäre interessant. Du kannst ja noch eine Karte dafür ziehen, was in dem vierten Kelch ist.«

IX Der Eremit

(P) zieht den Eremiten, Trumpfkarte IX.

(L) erklärt ihr die Karte des Eremiten, der in die Einsamkeit geht und in sich selbst alles findet, was er sucht. (P) ist sehr dankbar für diese Lösung.

(P) »Ich habe selbst gemerkt, wie ich mich verliere in diesem Dreierspiel. Ich brauche wieder Ruhe, ich brauche mich!«

Anmerkung: Bei diesem Spiel ergaben sich die Karten fünf, sechs und sieben aus dem Gespräch. Genauso kann man zu jedem Argument, zu jeder neuen Frage weitere Karten aufdecken und sie interpretieren.

8. Beispiel

In einer Tarotgruppe möchten (H) und (M) Hilfe für ihre Beziehung. Mit dem Gruppenleiter (G) entsteht folgende Situation:

(G) bittet zuerst die Frau (M) eine Karte auszuwählen, und zwar mit der Fragestellung, wie sie ihren Mann (H) sieht. (M) deckt den Schwert-Ritter auf.

Schwert-Ritter

(M) »Genauso bist du, rechthaberisch! Du unterdrückst mich, seit ich versuche, meinen eigenen Weg zu gehen.«

(G) »Bevor wir weitermachen, möchte ich, daß (H) eine Karte auswählt, wie er sich selber sieht.«

(H) deckt die Karte der Hohepriesterin auf.

II Die Hohepriesterin

(G) »Erstaunlich, die Frau sieht ihren Mann als Schwert-Ritter, und er selbst ist mit der Hohepriesterin verbunden. Man könnte annehmen, es handle sich um zwei ganz verschiedene Männer.«

(H) »Danke, ich habe oft das Gefühl, daß ich mißverstanden werde.«

(G) »Aber wie erklärst du dir dann dieses Mißverständnis? Was läßt dich denn bei deiner Frau wie der Schwert-Ritter erscheinen? Ich möchte, daß du eine Karte aufdeckst, wie du deine Frau erlebst.«

(H) deckt die Karte Judgement oder Auferstehung auf.

XX Die Auferstehung

(H) »Ja, so kann man es auch nennen, denn manchmal erlebe ich meine Frau wie das Jüngste Gericht. Unglaublich, das Tarot! Sie ist das Gericht und ich möchte mich verstecken. Und wie ist sie wirklich?«

(G) »Genau, jetzt soll (M) eine Karte aufdecken, wie sie sich selbst erlebt.«

(M) deckt, ohne es zu beabsichtigen, gleich zwei Karten auf einmal auf. Es sind die Liebenden und der Magier. Die ganze Gruppe lacht.

Schaubild

VI Die Liebenden

I Der Magier

(G) »Der Magier und die Hohepriesterin begegnen sich. Und das Ganze im Lichte der Liebenden. Vielleicht kommt euer ganzer Konflikt nur daher, daß die Frau der Magier ist und der Mann die Hohepriesterin. Dann glaubt der Mann, er müsse sich behaupten, und die Frau erkennt darin gleich den Schwert-Ritter. Das Tarot sagt, daß ihr zusammengehört und nur ein Scheingefecht führt, aus Angst vor zu viel Liebe.«

Tarot und Traum

Träume sind wie das Tarot bildhaft. Und damit liegt eine Verbindung zwischen Traum und Tarot direkt auf der Hand. Dabei geht man so vor, daß man für jedes wichtige Element des Traumes eine Karte aufdeckt.

Ein Traumbeispiel von (R).

(R) »Ich fahre in einem Auto (1) durch einen Tunnel (2). Ich habe große Angst (3), weil der Tunnel nicht aufhören will. Da zeigt auch noch meine Tankuhr (4) an, daß das Benzin zu Ende ist. Ich wache auf und ziehe sofort eine Karte aus dem Tarotdeck, das neben meinem Bett liegt. Es ist die Trumpfkarte VIII, Die Kraft.

Mit Hilfe der Karten läßt sich der Traum als eine Information aus dem Unbewußten entschlüsseln: Die Träumende wird an ihre starke Angst vor sexueller Hingabe erinnert, und zugleich erhält sie durch die Karte Die Stärke Anregungen für einen liebevolleren Umgang mit ihren Gefühlen.

1 Für das Auto

Der Hängende

Bedeutung:
Sich ergeben, geführt werden

2 Für den Tunnel

Stab-6

Bedeutung:
Herausforderung, Sexualität

3 Für die Angst

Schwert-8

Bedeutung:
Scham, Demütigung

4 Für die Benzinuhr

Stab-10

Bedeutung:
Erschöpfung

5 Nach dem Aufwachen

Die Stärke

Bedeutung:
Liebevolle Hinwendung
zur eigenen Sexualität

Eine Tarot-Phantasiereise

Eine Art, die Tarotkarten näher kennenzulernen, ist eine Phantasiereise mit einzelnen Karten. Am geeignetsten dafür sind die Karten des Großen Arkanums, aber grundsätzlich kann man mit jeder Karte diese Reise in das Reich der Phantasie unternehmen. Im folgenden ist eine Anleitung für dieses Tiefenerlebnis mit dem Tarot gegeben:

»Suchen Sie sich bitte eine Karte aus, über die Sie mehr erfahren möchten. Vielleicht die Sonne (Karte IXX), weil Sie diese Karte besonders anzieht, die Hohepriesterin (Karte II), weil Sie sich dieser Frau besonders nahe fühlen oder den Tod (Karte XIII), weil er Sie auf eigenartige Weise anspricht.

Legen Sie sich rücklings auf den Boden, ein Sofa oder Ihr Bett. Öffnen Sie alle beengenden Kleidungsstücke.

Versuchen Sie dann, ganz ruhig und entspannt zu werden. Dies können Sie dadurch verstärken, daß Sie gleichmäßig atmen und zu sich selbst sagen, daß Ihre Glieder, Muskeln und Ihre Haut immer entspannter werden.

Nehmen Sie dann die ausgewählte Karte und halten Sie das Bild ein bis zwei Minuten vor Ihre Augen. Stellen Sie sich dabei vor, Ihre Augen wären die Linsen einer Kamera. Durch diese Öffnungen dringt das Tarotbild in Sie ein und trifft in Ihrem Kopf auf eine lichtempfindliche Schicht. Dann schließen Sie die Augen und legen die Karte mit dem Bild nach unten auf Ihre Brust.

Jetzt können Sie die Karte vor Ihrem inneren Auge sehen. Versuchen Sie dann in Ihrer Phantasie oder mit Ihren Gedanken, dieses innere Bild zu vergrößern. Lassen Sie es über alle vier Ecken hinaus wachsen, bis es so groß wie eine Türe geworden ist.

Durch diese Türe können Sie in das geheimnisvolle Land des Tarot treten. Dazu müssen Sie in Ihrer Phantasie einfach die Türe öffnen und hindurchgehen. Damit betreten Sie ein Reich, in dem alles so gestaltet ist wie auf Ihrer Tarotkarte. Sie finden dort die gleichen Menschen, Tiere, Pflanzen und Symbole, die auch auf Ihrer Karte abgebildet sind. In Ihrer Phantasiewelt jedoch können sich alle Dinge bewegen und sogar sprechen. Sie brauchen nur eine Frage zu stellen und erhalten dann auch eine Antwort. Z. B. können Sie an eine Figur der Karte die Fragen stellen: ›Was ist deine Aufgabe?‹ Oder: ›Hast du mir etwas zu sagen?‹ Oder: ›Kannst du mir dein Geheimnis verraten?‹

Sicher fallen Ihnen noch ganz andere Fragen ein, deren Antworten Ihnen wichtig sind.

Um in die Alltagsrealität zurückzukehren, machen Sie die gleichen Schritte in umgekehrter Reihenfolge: Sie verabschieden sich von Ihrem magischen Land, treten durch die Tür, stellen sich vor, wie die Tür immer kleiner wird, bis sie die Größe Ihrer Tarotkarte besitzt und öffnen dann Ihre Augen.

Jetzt ist es besonders wichtig, daß Sie sich noch ein wenig Zeit lassen, um Ihre Erfahrungen zu verarbeiten. Nehmen Sie die Karte noch einmal zur Hand und betrachten Sie die Einzelheiten. Es ist auch wichtig, daß Sie alles aufschreiben, was Sie während Ihrer Phantasiereise erlebt haben.«

Die Spiele

Das Rider-Waite-Tarot

Die Karten von Rider-Waite dürften die am weitesten verbreiteten Tarot-Karten sein. Genaue Zahlen sind nicht zu erhalten, man ist auf eigene Erfahrungen und Vermutungen angewiesen. Auch die folgende Einschätzung dieser Karten und seines Urhebers Waite beruht nicht auf Recherchen, sondern auf rein subjektiven Einschätzungen.

In den wenigen Lexika, in denen Arthur Edward Waite erwähnt wird, ist kein Geburtstag von ihm zu finden. Er lebte um die Jahrhundertwende, war Amerikaner, und man liest über ihn, er sei der beste Kenner des Rosenkreuzer-Wesens, eines esoterischen Zirkels, gewesen. Er selbst war ein wichtiges Mitglied im Golden Dawn Orden, einem anderen Zirkel, gründete 1903 seinen eigenen Orden, schrieb viele Bücher, wurde aber eher durch seine Bemühungen um das Tarot ›unsterblich‹. Es wurde 1910 von ›Rider and Company‹ (daher rührt der Doppelname Rider-Waite) zum erstenmal veröffentlicht. Sein Tarot, das in Koproduktion mit der Malerin Pamela Coleman Smith entstand, brach nämlich mit einer wichtigen Tradition. Bei sämtlichen Spielen vor ihm waren die Karten des Kleinen Arkanums ohne bildhafte Gestaltung. Nur die Anzahl der Elemente (also Stäbe, Kelche, Schwerter und Pentakel) war abgebildet. Waite ließ auch diese Karten in Bilder übersetzen. Damit popularisierte er das Tarot, denn ohne Zweifel erleichtern und fördern Bilder das Verständnis. Zuvor konnte man nur aus der geheimen Bedeutung der Zahlen den Sinn der Karten erfahren. Paradoxerweise war gerade Waite gegen diese Popularisierung seiner Karten. Gegen Ende seines Tarotbuches (Seite 160) ›Der Bilderschlüssel zum Tarot‹ schreibt er: »Die Zusage einer Wahrsagebedeutung... ist die Geschichte einer fortgesetzten Unverschämtheit.«

Bei der Lektüre dieses Buches bekommt man an vielen Stellen das Gefühl, sich an der Heiligkeit des Tarot zu vergreifen. Aus den Zeilen klingt eine Überheblichkeit, die man einem Mann, der das Tarot so populär gemacht hat, einfach nicht abnehmen mag. Aber Waite war eben ein Vertreter des esoterischen Tarot und damit gegen einen allzu leichtfertigen Umgang mit den Karten. Durch seine Bebilderung des Kleinen Arkanums hat er der Welt des Tarot einen großen Dienst erwiesen. Seine Karten sind einfach, nicht mit Symbolen überladen und erlauben eine intuitive Annäherung an das Tarot. Aus diesem Grund sind sie auch in dieses Buch mit aufgenommen worden.

Das Aleister Crowley Thoth Tarot

Auch Crowley lebte um die Jahrhundertwende; auch er schrieb zahlreiche Bücher. Im Unterschied zu Waite ranken sich um ihn äußerst dubiose Geschichten: Er sei ein echter Schwarzmagier gewesen, er habe seine Schüler mißbraucht, er habe Drogen genommen, und in seinem Orden wurde mit eigenartigen sexuellen Praktiken experimentiert. Was auch immer hierbei erfundener Mythos ist, seine Tarotkarten machten Crowley, genau wie die des Arthur Waite, bekannt und unsterblich. Was ebenfalls an Waite erinnert, ist sein eigenes Tarotbuch, mit dem Namen ›Das Buch Thoth‹. Einziger Kommentar: Schlechtweg unverständlich.

Crowleys Karten aber sind kleine Kunstwerke. Die Malerin Frieda Harris malte fünf Jahre lang (von 1938 bis 1943) an diesen Bildern. Ihr gelang nicht nur ein wunderbares Tarotspiel, sondern sie verarbeitete dabei auch das ungeheuer große Wissen von Crowley. Aus der Verschmelzung von Harris und Crowley entstand magische oder esoterische Kunst.

Auch das mag für den Geist Crowleys sprechen, daß sein Tarot nur seinen Namen trägt und nicht den der Malerin, deren Verdienst bestimmt mindestens so groß ist, wie der von Crowley. Man müßte das Deck eigentlich ›Harris Crowley Tarot‹ nennen.

Das Crowley-Tarot wurde auch in dieses Buch aufgenommen. Durch eine kurze Erklärung der zahlreichen, meist ägyptischen Symbole, hat der Besitzer dieses Tarotspieles die Möglichkeit, sich tiefer in die Bilder einzulassen, um ihren ganzen Umfang zu erahnen.

Für einen Anfänger sind die Tarotkarten von Crowley vielleicht zu symbolhaft. Und noch etwas ist wichtig: Wer mit den Crowley-Karten spielt, sollte sich nicht von den Deutungsworten unter den Karten führen lassen. Sie sind teilweise falsch oder führen in die Irre. Crowley selbst hat sie bestimmt nicht angeordnet. Es ist ein Zugeständnis an den schnellen Konsumenten unserer Zeit, den es natürlich auch unter Tarotspielern gibt. Aber das Tarot packt jeden Menschen, und dann möchte er jenseits von Worten mit den Bildern kommunizieren. Die Karten des Kleinen Arkanums sind zwar nicht wie die von Waite bildhaft gestaltet, vermitteln aber dennoch eine bestimmte Atmosphäre, die den unmittelbaren Zugang ohne Erklärung zumindest erleichtert. Sicher wurden die Deutungsworte unter den Karten des Kleinen Arkanums auch gewählt, um die fehlende Bildsymbolik zu kompensieren.

Zu den Karten von Linde Famira

Linde Famira hat die Karten zu diesem Buch nach Anregungen des Verfassers gestaltet. Im großen und ganzen richtete sie sich nach den klassischen Vorbildern. Einige Karten wurden bewußt verändert, wie der Magier, der jetzt wirklich hinaustritt in die Welt, oder der Hohepriester, der jetzt als ein ›Buddha‹ erscheint. Zwar ist die Symbolik des Tarot zeitlos und ewig gültig, aber jede Zeit trägt ihr eigenes Gewand, braucht eigene Formen, um sie zu verstehen und um sie leben zu können.

Das Kartendeck von Famira ist als ein ausmalbares Tarot konzipiert. Wer sich sein eigenes Kartenspiel malt, erfährt über die geheimnisvolle Welt des Tarot mehr als aus jedem Buch. Kartenlegen ist zuallererst eine Kunst und keine Wissenschaft. Ein Künstler wirft sich mit seiner ganzen Seele in sein Werk, tauscht sich mit ihm aus und wird dadurch ein Teil von ihm. Genauso offenbaren sich demjenigen, der mit Farbstiften, Kreide oder Pinsel seine eigenen Karten ausmalt, immer neue Aspekte dieser magischen Welt des Tarot. Er taucht in seine Seele, findet seine ›Lieblingskarte‹ und diejenige Karte, bei welcher es ihm am allerschwierigsten fällt, sie auszumalen. Vielleicht deckt er dann gerade diese Karten häufiger als alle anderen auf und spinnt so magische Verbindungen zu ihnen.

Man muß nicht warten, bis alle 78 Karten ausgemalt sind, um mit ihnen spielen zu können. Das ist sogar ein Reiz, denn es entstehen unterschiedliche Beziehungen zu den Karten. Bereits an anderer Stelle wurde erwähnt, daß die Karten nicht mehr zurückgeben können, als das, was man in sie hineinlegt. Für einen Ignoranten sind sie relativ naiv bemalte Papierstücke. Für einen Graphiker mehr oder weniger gelungene Bilder. Aber für denjenigen, der sie mit seiner inneren Kraft beseelt, werden sie tatsächlich zu magischen Werkzeugen.

Zu jeder einzelnen Karte wurde eine kurze Anleitung zum Bemalen beigefügt. Es ist wichtig, sich durch diese Anleitung nicht einengen oder festlegen zu lassen. Man kann die Karten auch ganz anders gestalten. Beispielsweise hat Famira ein Deck völlig in Schwarz und Weiß gemalt. Auch das ist sehr beeindruckend, denn ein schwarz-weißes Tarot konzentriert sich nur auf das Wesentliche.

Wer die Karten ausmalen möchte, kann so vorgehen, als würde er ein Mandala-Bild ausmalen. Diese Kunst stammt aus dem Land der aufgehenden Sonne. Dort gilt seit über 2000 Jahren das Mandala-Malen als eine Meditation. Man sagt dort, die Seele spreche durch Farben.

Zunächst ist es wichtig, die Karten kennenzulernen. Dazu kann man sogar eine kleine Phantasiereise machen, so wie sie im vorderen Teil dieses Buches beschrieben wurde. Erst dann beginnt man, nach den geeigneten Farben zu forschen.

Für viele Menschen ist Rot beispielsweise die Farbe des Blutes, aufwallender Gefühle, der Liebe, des Herzens oder blinder Wut. Beim Farbton Gelb ist es wichtig, wie rein er ist: ein helles Gelb wird wie Licht empfunden, und man denkt dabei an Klarheit. Dagegen erinnert ein schwefeliges, beißendes Gelb eher an Eifersucht und Neid. Bei Grün denken viele Menschen an Worte wie Hoffnung, Natur, Fruchtbarkeit. Zu Blau kommen Worte wie Himmel, Meer, Entspannung, Weite, Tiefe und Friede. Geht jedoch das Blau in einen violetten Farbton über, werden andere Vorstellungen wachgerufen. Weiß ist eine reine Farbe. Für manche Menschen bedeutet sie gar nichts. Für andere wiederum ist sie die Farbe der Erfüllung und des Friedens. Schwarz wird gemeinhin als Farbe der Trauer bezeichnet. Aber es gibt viele Menschen, die Schwarz als die einzig wahre und damit heilige Farbe empfinden.

Farbe und Wirkung

Rot: Kräftigung, Erregung, Antrieb, Kraft, Liebe
Orange: Genuß, Freude, Entspannung, Lust, Erleichterung, Zerstreuung
Gelb: Klarheit, Übersteigerung, Aufregung, Leichtsinn, Befreiung, Verschwendung, Verausgabung
Grün: Hoffnung, Wachstum, Anregung, Zufriedenheit, Beruhigung, Gelassenheit, Sicherheit
Blau: Beständigkeit, Ruhe, Hingabe, Frieden, Sammlung, Vertiefung
Violett: Spannung, Beunruhigung, Unlust, Unzufriedenheit, Melancholie
Purpur: Macht, Befriedigung, Herrschaft, Erhebung, Würde
Weiß: Offenheit, Frieden
Grau: Gleichgültigkeit
Schwarz: Verschlossenheit

Tarotspiele ohne Karten

In den letzten Jahren wurde eine Reihe von Tarotspielen bekannt, die auch ohne den Besitz eines Kartendecks gespielt werden können. Als ›Material‹ genügen schon die Abbildungen und Erklärungen in diesem Buch. Genaugenommen handelt es sich nicht um Spiele, sondern um Berechnungen. Zum Beispiel ergibt sich die *persönliche Schicksalskarte* folgendermaßen: Angenommen, Sie sind am 1. 1. 1950 geboren. Dann werden Ihre nebeneinander geschriebenen Zahlen der Reihe nach addiert: $1+1+1+9+5+0 = 17$.

Die Zahl 17 entspricht der Karte *die Sterne*. Diese Karte XVII ist damit ihre Schicksalskarte.

Bei der Durchnumerierung erhält die Karte 0, *der Narr,* die Zahl 22. Ergibt sich eine Zahl über 22, dann wird einfach erneut die Quersumme berechnet.

Ein Beispiel: Geburtstag am 28. 8. 1959.

Als Quersumme ergibt sich $2+8+8+1+9+5+9 = 42$.

Diese Zahl ist größer als 22. Daher muß erneut die Quersumme gebildet werden. Diese lautet: $4+2 = 6$. Die Zahl 6 entspricht der Karte VI, *die Liebenden.*

Die Bedeutung der Schicksalskarte wird gleich anschließend erklärt. Zunächst ist es aber wichtig, die Berechnungsmethoden ins richtige Licht zu stellen. Soweit sie einer spielerischen Einstellung entstammen, sind sie äußerst interessant und auch amüsant. Aber man darf sie nicht überinterpretieren. Der Reiz und die Stärke des Tarot beruht in allererster Linie auf Veränderung. Wenn ich heute die Karten frage, dann ist die Antwort schon ganz anders als gestern, und morgen zeigt mir der Geist des Tarot wieder einen neuen Weg. Das Tarot greift den Augenblick auf, es will den Betrachter mit dem Hier und Jetzt konfrontieren, sonst nichts. Es ist immer nur ein Moment, der vom Tarot eingefangen wird. Deswegen befinden sich die Einsichten und Weisheiten des Tarot auf Spielkarten und nicht auf steinernen Tafeln oder in einem schweren, ledergebundenen Buch. Das Tarot will flüchtig bleiben und nicht ein für allemal festgelegt werden. Das widerspräche völlig seiner Natur. Es gibt in der Esoterik Methoden, die die Qualität der Zeit mit einbeziehen, allen voran die Astrologie. Tarot-Meister, die diese erechneten Karten für überaus wichtig erachten, überfrachten das Tarot und möchten es vielleict zum Universal-Orakel erheben. Aber da lacht der Narr. Er wird immer dafür sorgen, daß das Tarot ein Spiel bleibt, unberechenbar wie das Leben selbst. Was soll eine Person beispielsweise sagen, die am 1. 1. 1930 das Licht der Welt erblickt hat? Ihre Schicksalskarte ist:

$$1 + 1 + 1 + 9 + 3 + 0 = 15 \text{ oder XV } der\ Teufel.$$

Soll dieser Mensch über sein ganzes Leben den Teufel stellen?

Nach diesem Vorspann können jetzt die Rechenmethoden im einzelnen vorgestellt werden.

Die Schicksalskarte

Berechnung siehe oben.

Deutung

Da sich die Schicksalskarte aus dem Geburtstag errechnet, steht sie über dem gesamten Leben. Sie ist damit eine Mahnung, ein Motiv und ein Wegweiser zugleich. Es gibt Individuen, die ihre Schicksalskarte in der Brieftasche mit sich herumtragen, um immer wieder daran erinnert zu werden. Ergibt sich eine positive Schicksalskarte, zum Beispiel *die Liebenden*, dann kann ich aus dieser Karte zu gewissen Zeiten vielleicht sogar Kraft schöpfen. Einer Karte, die negative Gefühle wachruft, wie *der Tod, der Teufel* oder *die Zerstörung*, sollte man kein Gewicht beimessen.

Die Jahreskarte

Berechnung

Die Zahl entspricht dem Alter. Ergibt sich eine Zahl über 22, dann errechnet man nicht wie bei der Schicksalskarte die Quersumme, sondern beginnt ab der Zahl 23 wieder bei 1.

Beispiel

Eine Frau, die gerade ihren fünfunddreißigsten Geburtstag feiert, erhält damit für das kommende Lebensjahr die Zahl 35. Der Zahl 35 entspricht die Zahl 13 (35 minus 22 ergibt 13). Damit lautet die Jahreskarte XIII, *der Tod*.

Deutung

Die Jahreskarte steht über einem Lebensjahr. Wie zuvor sollte man schwere Karten nicht zu ernst nehmen. Aber manchmal können auch solche Karten hilfreich sein. So stand die Karte *der Tod* über dem fünfunddreißigsten Lebensjahr von Isabell. Tatsächlich gab es in diesem Jahr eine Menge Veränderungen: Ihr Job wurde wegrationalisiert, sie mußte die Wohnung wechseln und trennte sich von einer alten Freundin. In diesem dramatischen Jahr fiel Isabell immer wieder ihre Jahreskarte *der Tod* ein. Sie bedeutet loslassen. »Es geht ja um loslassen können«, sagte Isabell gelegentlich zu sich selbst. Vielleicht half ihr dies manchmal, das Schicksal leichter zu verkraften.

Die Partnerkarte

Berechnung

Diese Karte errechnet sich aus den beiden *persönlichen Schicksalskarten* zweier Menschen.

Beispiel

Geburtstag Mann: 18. 7. 1942
$1+8+7+1+9+4+2 = 32$
$3+2 = 5$ Ergibt Karte V *der Hohepriester*

Geburtstag Frau: 16. 8. 1962
$1+6+8+1+9+6+2 = 33$
$3+3 = 6$ Ergibt Karte VI *die Liebenden*

Die Partnerkarte lautet:
$6+5 = 11$ Entspricht Karte XI *die Gerechtigkeit.*
Ergibt die Summe der beiden Karten eine Zahl höher als 22, muß erneut die Quersumme gebildet werden.

Deutung

Die *Partnerkarte* soll auf dem Hintergrund der beiden *persönlichen Schicksalskarten* interpretiert werden. In unserem Beispiel ergeben zwei positive und starke Karten, nämlich *die Liebenden* und *der Hohepriester,* die Karte *die Gerechtigkeit.* Man könnte schlußfolgern, daß diese Partnerschaft von den beiden Formen der Liebe getragen wird. Denn die Karte *die Liebenden* bedeutet körperliche und die Karte *der Hohepriester* geistige Liebe. Die von Liebe getragene Beziehung steht unter der Partnerkarte *die Gerechtigkeit* — sicher ein gutes Omen.

Die Wohnungskarte

Berechnung

Diese Karte bestimmt sich ganz einfach nach der Hausnummer. Mit Nummer 23 beginnt wieder die 1, genauso mit den Ziffern 45, 67, 89, 111 und so fort.

Deutung

Diese Karte könnte man sich wie ein Haus- oder Namensschild vorstellen, das über dem Haus- beziehungsweise Wohnungseingang hängt. Bei einer dynamischen Karte, wie beispielsweise *das Glücksrad* oder *die Sonne,* darf man erwarten, daß das häusliche Klima temperamentvoller ist, als wenn der Hausfrieden von der Karte *die Hohepriesterin* abhängen würde.

Die Tageskarte

Berechnung

Diese Karte ist überindividuell, sie gilt weltweit und für alle Menschen. Bestimmt wird sie wieder sehr einfach, nämlich aus dem Datum, also genau wie die *persönliche Schicksalskarte.*

Deutung

Die Tageskarte kann man als eine allgemeine Einschätzung eines Tages betrachten. Sie spiegelt Atmosphäre, Trend und Möglichkeiten wider. Wenn Sie möchten, können Sie Ihre Unternehmungen nach diesem *Tarot-Kalender* richten. Dann werden Sie an Tagen mit der Quersumme 6 auf die Liebe (Karte VI *die Liebenden)* und an solchen mit der Quersumme 10 auf das Glück (Karte X *das Glücksrad*) warten. An einem Tag mit der Quersumme 16 (Karte XVI *die Zerstörung*) werden Sie wohl überhaupt nicht wagen, Ihr Haus zu verlassen.

Die ›Date-Karte‹

Diese Karte berücksichtigt neben dem Tag noch die Uhrzeit. Angenommen, Sie verabreden sich mit Ihrer ›Neuentdeckung‹, einem Mann. Sie wissen noch nicht genau, wie alt er ist, können also weder seine *persönliche Schicksalskarte* noch seine *Jahreskarte* berechnen. Ihr Rendevous ist für 23. 8. 1992 um 20.00 Uhr geplant. Ist das ein günstiger Zeitpunkt?

$$2+3+8+1+9+9+2+2+0+0+0 = 36$$
$$3+6 = 9$$

Dieser Zahl entspricht die Karte IX *der Einsiedler.* Diese Karte bedeutet Einsamkeit. Man darf daher nicht mit einem guten Gelingen der Verabredung rechnen. Aber wenn Sie nur eine Minute später am verabredeten Platz eintreffen, haben Sie die Karte X *das Glücksrad* auf Ihrer Seite. Und damit wird aus Ihrem Date schon eher etwas.

Tarot und Astrologie

Immer wieder wurde versucht, Tarot und Astrologie zu verbinden. Wäre das nicht die Quintessenz allen Wissens, wenn man zwei so geniale Systeme aufeinander beziehen könnte? Am bekanntesten und auch am durchdachtesten ist der Versuch Crowleys, dessen Karten in diesem Buch beschrieben werden. Er geht dabei so vor, daß er den Karten des Großen Arkanums jeweils ein Tierkreiszeichen, ein Element oder einen Planeten zuordnet. Jeder Karte des Kleinen Arkanums wird jeweils ein Planet in einem Zeichen zugesprochen. Wie bereits im letzten Kapitel angedeutet wurde, entstammen sämtliche Versuche, Tarot und Astrologie zu verbinden, letztendlich dem Wunsch, das Tarot zum Universalmedium aufzubauen. Aber die Logik des einen läßt sich mit dem System des anderen leider nie ganz verbinden. In der Systematik der Astrologie ist die Grundeinheit die Zahl Zwölf. Es gibt zwölf Tierkreiszeichen und genauso viele Häuser. Eine weitere, bedeutsame Zahl war bei den alten Astrologen die Sieben. Denn bevor in den letzten beiden Jahrhunderten die Planeten Uranus, Neptun und Pluto entdeckt wurden, arbeitete die Astrologie mit nur sieben ›Planeten‹ (Sonne, Mond, Merkur, Venus, Mars, Jupiter, Saturn). Die Zahl Sieben spielt auch als ›Mondzahl‹ eine große Rolle. Von einem Mondviertel zum nächsten vergehen jeweils sieben Tage, was genau einer Woche entspricht.

Im Tarot dagegen sind im Kleinen Arkanum die Zahl Zehn und im Großen die Zahl 21 wichtig. Dann könnte man noch die Zahl Vier erwähnen, weil es vier Hofkarten und vier Elemente gibt.

Wie steht es nun mit den Entsprechungen?

Zwischen den vier Elementen im Tarot (Stab, Kelch, Schwert und Pentakel) und den vier Elementen in der Astrologie (Feuer, Wasser, Luft und Erde) ist die Entsprechung eindeutig. Darauf wurde in diesem Buch auch immer wieder Bezug genommen. Aber damit ist die Parallelität zwischen beiden Systemen auch schon am Ende. Jede weitere gemeinsame Systematik vergewaltigt das eine oder andere der Systeme. Da hilft es auch nicht, wenn man sagt, das Große Arkanum sei durch sieben teilbar und die Sieben entspräche der Anzahl der Planeten. Das ist zwar richtig, führt aber nur zu der nächsten Frage: Weshalb sind gerade drei mal sieben, nämlich 21 Hauptkarten im Spiel? Auch der Hinweis, daß zwölf Tierkreiszeichen und zehn Planeten genau die Zahl 22 ergeben, zieht nicht. Denn als das Tarot entwickelt wurde, gab es eben nur sieben Planeten. Und selbst wenn man diese Erwiderung beiseite läßt: Es gibt einfach keine sinnvolle Zuordnung in dieser übergreifenden Systematik.

Die Logik des Tarot läßt sich mit der Systematik der Astrologie absolut nicht vereinbaren. Aber es gibt sehr wohl assoziative oder intuitive Entsprechungen. Ihnen entbehrt jedoch jede Systematik und Logik. Über die Jahre meines Tarot- und Astrologielehrens hinweg habe ich immer wieder die Seminarteilnehmer um eine Zuordnung zwischen Tarot und Astrologie gebeten. Die hier angefügte Liste ist das Ergebnis dieser Arbeit, und zugleich stimmt sie mit meiner eigenen Einschätzung überein, obwohl ich auch die eine oder andere Verschiebung für denkbar halte.

WIDDER   (21. März bis 20. April) *der Magier*

STIER   (21. April bis 20. Mai) *die Kaiserin, der Teufel*

ZWILLINGE   (21. Mai bis 21. Juni) *der Siegeswagen*

KREBS   (22. Juni bis 22. Juli) *die Hohepriesterin, der Mond*

LÖWE   (23. Juli bis 23. August) *die Sonne*

JUNGFRAU   (24. August bis 23. September) *die Stärke, das rechte Maß*

WAAGE   (24. September bis 23. Oktober) *die Liebenden, die Gerechtigkeit*

SKORPION   (24. Oktober bis 22. November) *der Hängende, der Tod*

SCHÜTZE   (23. November bis 21. Dezember) *der Hohepriester, die Auferstehung*

STEINBOCK   (22. Dezember bis 20. Januar) *der Kaiser, der Eremit*

WASSERMANN   (21. Januar bis 19. Februar) *das Glücksrad, die Zerstörung*

FISCHE   (20. Februar bis 20. März) *die Sterne, die Welt, der Narr*

HEYNE BÜCHER

ESOTERISCHES WISSEN

DER SCHLÜSSEL ZUR INNEREN WEISHEIT

Wege und Wahrheiten
für ein besseres und erfolgreiches Leben

SHAKTI GAWAIN
IM GARTEN DER SEELE
AUF ENTDECKUNGS-REISE ZUM SELBST

ESOTERISCHES WISSEN
08/9563

Erich Bauer
Der Tierkreis-Führer
Das Erlebnis-programm der psychologischen Astrologie

ESOTERISCHES WISSEN
08/9568

EDWARD BACH BLÜTEN DIE HEILEN
Gedanken zur Heilkraft von Pflanzen

ESOTERISCHES WISSEN
08/9567

NORMAN VINCENT
P E A L E
Du kannst,
wenn Du glaubst
Du kannst

ESOTERISCHES WISSEN
08/9569

Dane Rudhyar
Die zwölf kosmischen Prüfungen
Esoterische Astrologie:
Die Herausforderungen
des Schicksals

ESOTERISCHES WISSEN
08/9570

ALAN WATTS
Mythus und Ritus des
Christentums
Anatomie einer Verblendung

ESOTERISCHES WISSEN
08/9571

WILHELM HEYNE VERLAG
MÜNCHEN

ESOTERISCHES WISSEN

DER SCHLÜSSEL ZUR INNEREN WEISHEIT

Wege und Wahrheiten für ein besseres und erfolgreiches Leben

**NICOLAUS KLEIN · RÜDIGER DAHLKE
DAS SENKRECHTE WELTBILD**
SYMBOLISCHES DENKEN IN ASTROLOGISCHEN URPRINZIPIEN

ESOTERISCHES WISSEN

08/9574

Stephen Arroyo
Astrologie und Partnerschaft
Karmische Verbindungen und ihre Bedeutung

ESOTERISCHES WISSEN

08/9573

EDGAR CAYCES
OFFENBARUNG DES NEUEN ZEITALTERS
herausgegeben und interpretiert von Harmon Hartzell Bro und June Avis Bro
Die Krise des Selbst

ESOTERISCHES WISSEN

08/9577

Louise L. Hay

Das Körper- und Seele- Programm
Ein Arbeitsbuch zur mentalen Heilung

»In der Schule des Lebens gibt es keine liebevollere, sanftere und fähigere Lehrerin als Louise L. Hay.«
– Marilyn Diamond –
Autorin von »Fit fürs Leben«

ESOTERISCHES WISSEN

08/9588

Unbekannte Einsichten des Klassikers einer positiven Lebenseinstellung
Prentice Mulford
MEISTER- SCHAFT DES LEBENS
Herausgegeben von Hans Christian Meiser

ESOTERISCHES WISSEN

08/9590

Michael J. Eastcott
WEG DER STILLE
Einführung in die Meditation und die schöpferische Kraft des Schweigens

ESOTERISCHES WISSEN

08/9589

WILHELM HEYNE VERLAG
MÜNCHEN

Astrologische Textanalysen

(87) Die große Persönlichkeitsanalyse. Analyse Ihres Geburtshoroskopes, welche auch Schattenthemen, Berufsverhalten und Partnerbild beschreibt. Umfang: ca. 20-25 Seiten Deutungstext. DM 55.- / FR 50.- / ÖS 490.-

(71) Standard-Horoskopanalyse. Denken - Fühlen - Handeln. Umfang: ca. 15 Seiten, DM 35.- / FR 30.- / ÖS 290.-

(85) Esoterische Lebensplan-Analyse. Lebensaufgaben und Schicksalsthemen; zur Vertiefung der Persönlichkeitsanalyse. Umfang: ca. 12-18 Seiten, DM 50.- / FR 45.- / ÖS 370.-

(73) Die Kinderanalyse. Anlagen und Lebensziele Ihres Kindes aus astrologischer Sicht. Mit erzieherischen Hinweisen. Umfang: ca. 12-16 Seiten, DM 40.- / FR 35.- / ÖS 330.-

(75) Die Partnerschaftsanalyse

Damit eine Beziehung eine langfristige Gemeinschaft wird, braucht es Liebe, Verständnis und Akzeptieren. Diese Analyse beschreibt das Thema Ihrer Beziehung, deckt Entwicklungsmöglichkeiten und verborgene Konfliktzonen auf. Umfang: ca. 15-20 Seiten, DM 50.- FR 45.-/ ÖS 440.-

Reiseanalysen.

Anwelchem Ort der Erde fühlen Sie sich wohl? Welche Themen stehen dort im Vordergrund ?

(81) Die Reise- und Ortsanalyse gilt 12 Monate und wird für drei Orte Ihrer Wahl erstellt. Umfang: ca. 20-30 Seiten Deutungstext. DM 50.- FR 45.- / ÖS 440.-

(62) Astro*Carto*Graphy, die persönliche Astro-Weltkarte, zeigt an, wo bestimmte Planeten ein Leben lang wirksam sind. Zusammen mit Erklärungsbuch, DM 37.- / Fr 32.- / ÖS 290.-

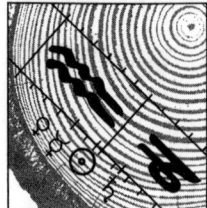

(79) Die 10 Jahresanalyse

Ob Zukunft oder Vergangenheit - wenn Sie wichtige Entwicklungen innerhalb eines größeren Zeitraum besser verstehen und überblicken möchten, bietet Ihnen diese Analyse wertvolle Informationen. Umfang: ca. 20-35 Seiten Deutungstext. DM 60.- / FR 55.- / ÖS 450.-

Bestellen Sie schriftlich oder telefonisch unter Angabe von Geburtsdatum, -zeit, -ort und Geschlecht.

ASTROMEDIA GmbH · HEYNE Astro-Leserdienst · Postfach 1111 · 7850 Lörrach
Telefonischer Bestellservice: (Mo–Fr 9–12 und 14–17 Uhr) 07621-3486